MADRI DOS
BOURBON
pp. 26-37
0 m
1.000

HOTEL

dos velhos mestres tem, entre outros, Rubens e Van Dyck. Artistas espanhóis do século XVI ao XIX também estão representados aqui.

Gran Vía ⑩

Mapa E4.

Em meados dos anos 1800, houve a necessidade de se construir uma nova via pública – a Gran Vía. Oriunda do crescimento desordenado do passado, esta artéria viria a seguir um projeto e a se transformar em símbolo da Madri moderna. Seu traçado foi projetado em 1860, mas só foi aprovado em 1904. Inaugurada por Afonso XIII em 1908, a construção foi realizada em três etapas e terminou em 1929. A nova avenida deu aos arquitetos a oportunidade de mostrar seu talento. Ela é uma vitrine das tendências arquitetônicas do início do século XX e abriga alguns dos mais belos edifícios da cidade.

Fachada de prédio art déco, estilo bastante comum na Gran Vía

O arranha-céu da Telefónica

Telefónica ⑪

Mapa E4. Gran Vía. Aberta diariam exceto ago. Grátis.

Construído entre 1926 e 1929 para abrigar a companhia telefônica espanhola, já foi o prédio mais alto de Madri. Sua fachada, com recuos e reentrâncias, termina em uma torre de 81m de altura. Os detalhes ornamentais do exterior foram acrescentados por Cárdenas para que o prédio se integrasse melhor à arquitetura circundante. A vista desimpedida dos andares superiores permitiu aos republicanos monitorar os nacionalistas na Guerra Civil.

Plaza del Callao ⑫

Mapa D4.

Na esquina da Gran Vía com a Calle de Preciados, a Plaza del Callao abriga alguns dos cerca de 60 cinemas da capital, entre eles o The Capitol (1933), fino exemplo de arquitetura art déco, e o Palacio de la Prensa (1929), de tijolos vermelhos. A praça hoje é um calçadão.

Tráfego noturno na Gran Vía, observado da Plaza de España ▶

GUIA VISUAL DE BOLSO – FOLHA DE S.PAULO

MADRI

GUIA E MAPA: A CIDADE NA PALMA DA MÃO

PUBLIFOLHA

Título original: *Pocket Map & Guide: Madrid*

Publicado originalmente na Grã-Bretanha em 2006 pela Dorling Kindersley Limited, 80 Strand, WC2R 0RL, Londres, Inglaterra, uma empresa da Penguin Random House.

COORDENAÇÃO DO PROJETO: PUBLIFOLHA
Editor-assistente: Rodrigo Villela
Produtora gráfica: Soraia Pauli Scarpa

PRODUÇÃO EDITORIAL: PÁGINA VIVA
Edição: Lívio Lima de Oliveira
Revisão: Felice Morabito, Agnaldo Alves de Oliveira

DORLING KINDERSLEY
Diretores do projeto: Nicholas Bevan, Derek Hall
Editores: Derek Hall, Marion Dent, Alexander Stillwell
Designer: Tony Truscott
Indexação: Michael Dent
Pesquisa iconográfica: Mirco de Cet
Cartografia: John Plumer, Dave Brooker, Paul Hopgood

Dados Internacionais de Catalogação na Publicacão (CIP)
(Câmara Brasileira do Livro, SP, Brasil)

Guia visual de bolso : Madri / [tradução Página Viva].
– 4. ed. – São Paulo : Publifolha, 2015.

Título original: Pocket Map & Guide: Madrid
1ª reimp. da 4ª ed. de 2013.
ISBN 978-85-7402-860-6

1. Madri (Espanha) – Descrição e viagens – Guias.

08-02094 CDD-914.641

Índices para catálogo sistemático:
1. Guias de viagem : Madri : Espanha 914.641
2. Madri : Espanha : Guias de viagem 914.641

Esse livro segue as regras do Acordo Ortográfico da Língua Portuguesa (1990), em vigor desde 1º de janeiro de 2009.

Impresso na China.

Foi feito o possível para garantir que as informações desse guia fossem as mais atualizadas até o momento da impressão. No entanto, alguns dados, como telefones, preços, horários de funcionamento e informações de viagem, estão sujeitos a mudanças. Os editores não podem se responsabilizar por qualquer consequência do uso desse guia, nem garantir a validade das informações contidas nos sites indicados.

Os leitores interessados em fazer sugestões ou comunicar eventuais correções podem escrever para atendimento@publifolha.com.br.

PUBLIFOLHA
Divisão de Publicações do Grupo Folha
Al. Barão de Limeira, 401, 6º andar
CEP 01202-900, São Paulo, SP
Tel.: (11) 3224-2186/2187/2197
www.publifolha.com.br

UM MUNDO DE IDEIAS
www.dk.com

Monumento a Afonso XII (1901) no Parque del Retiro

SUMÁRIO

INTRODUÇÃO A MADRI

MADRI ÁREA POR ÁREA

INDICAÇÕES AO TURISTA

Entrada da taberna Casa del Abuelo

Estátua alada que fica na entrada do Museo Arqueológico Nacional

Madri

Madri é a capital da Espanha e está localizada praticamente no centro do país. A cidade conta com três regiões principais, cada uma com estilo e características próprias: Madri Antiga, que guarda muito da tradição moura; Madri dos Bourbon, que remonta às dinastias monárquicas; e La Castellana, uma região mais moderna.

Plaza de Colón
Grande praça com um monumento a Cristóvão Colombo (p. 42).

Plaza Mayor
É a mais famosa praça da cidade, lugar ideal para relaxar após conhecer a região (p. 10).

Gran Vía
É uma das principais avenidas da cidade, cheia de prédios antigos (p. 13).

LEGENDA

- Atração principal
- Estação de metrô
- Estação de trem
- Delegacia
- Estacionamento
- Informação turística

Plaza de Chueca
Com decoração apurada, a Bodega de Angel Sierra, situada na praça, mudou pouco desde a inauguração, em 1897 (p. 40).

Centro de Arte Reina Sofía
Abriga boa parte do acervo moderno espanhol (p. 37).

Plaza de Cibeles
É uma das paisagens mais conhecidas e mais bonitas da capital espanhola (p. 29).

Madri em Destaque

Se você passar rapidamente pela cidade, saiba que Madri merece uma visita com mais calma. Segue abaixo uma lista das principais atrações da capital, que oferece maravilhosos acervos de arte e edifícios de diversos estilos arquitetônicos.

Museus e Galerias

Museo Arqueológico Nacional

Museo Arqueológico Nacional
Perdendo apenas para o do Prado, o acervo do museu arqueológico abrange um período que vai da pré-história ao século XIX. Em reforma, hoje exibe apenas 300 peças *(p. 42)*.

Museo del Prado
Um dos museus mais importantes do mundo, o Prado é particularmente notável por sua coleção de obras de Velázquez e Goya. O acervo abriga também pinturas de Rubens, Rafael, Ticiano e Tintoretto *(p. 34)*.

Centro de Arte Reina Sofía
Abriga importante coleção de arte moderna e contemporânea. Aqui estão o *Retrato de Josette*, de Juan Gris, e *Guernica*, a obra-prima de Picasso, que retrata a Guerra Civil Espanhola *(p. 37)*.

Museo Thyssen-Bornemisza
O vasto acervo deste museu conta com obras de Ticiano, Goya, Picasso e Rubens *(p. 31)*.

Museo de Historia
O museu retrata a evolução de Madri, com destaque para um modelo em escala da cidade no século XIX. Fechado para reformas em 2010 *(p. 44)*.

Arquitetura

Bourbon
A influência francesa pode ser notada na Puerta de Alcalá, erguida por Carlos III para urbanizar o lado leste da cidade *(p. 28)*.

Barroca
O fabuloso Palacio Real teve seu projeto inspirado no design que Bernini utilizou no Museu do Louvre, em Paris *(pp. 18-9)*.

Habsburgo
No Monasterio de las Descalzas Reales estão obras de arte fabulosas colecionadas pela mulher de Filipe II, Joana, e as freiras reais. *(p. 16)*.

Art Déco
A Gran Vía abriga muitos edifícios art déco, como é o caso do Palacio de la Música *(p. 13)*.

Neoclássica
Projetado em 1785, o Museo del Prado exemplifica o movimento neoclássico na direção da dignidade,

Museo del Prado

contra os excessos da arquitetura barroca *(p. 34)*.

Parques e Jardins

Parque del Retiro
Já foi o playground real. Hoje é uma grande área verde frequentada pelos *madrileños* e por turistas *(p. 35)*.

Real Jardín Botánico
Uma impressionante coleção de plantas filipinas e da América do Sul pode ser encontrada aqui *(p. 36)*.

Campo del Moro
Parque agradável que se estende a partir do rio Manzanares e oferece uma das mais lindas vistas do Palacio Real *(p. 23)*.

Estación de Atocha
A parte mais antiga da estação abriga um lindo jardim de palmeiras *(p. 37)*.

Palacio Real de Aranjuez
É a residência oficial de verão da realeza. Repleto

Palacio Real de Aranjuez

de ambientes barrocos, o palácio conta também com um grande jardim *(p. 67)*.

Tabernas

Fatigas del Querer
Taberna típica espanhola, de 1920, cujo nome homenageia uma canção flamenca. Serve *raciones*; mapa E5.

Taberna madrilena ladrilhada

Viva Madrid
Famosa pelos lindos azulejos que enfeitam a fachada e o interior, esta taberna foi adotada pela juventude de Madri, que se reúne todas as noites na animada Plaza de Santa Ana *(p. 25)*.

Taberna de Antonio Sánchez
Casa com 200 anos de história, é um clássico da cidade *(p. 25)*.

La Bola
Conta com um lindo bar de madeira entalhada, de 1873, e serve o melhor *cocido* da cidade *(p. 25)*.

El Sobrino del Botín
Fundada em 1725, é uma das mais antigas da cidade e considerada por muitos um dos melhores restaurantes da capital espanhola *(p. 25)*.

MADRI ANTIGA

Espalhado entre a Plaza de la Villa e a agitada Puerta del Sol, o compacto centro antigo tem diversas atrações imperdíveis e pode ser facilmente percorrido a pé. O destaque é a Plaza Mayor.

PRINCIPAIS ATRAÇÕES

Edifícios Históricos
Muralla Arabe 24
Palacio de Santa Cruz 7
Palacio del Senado 16
Palacio Real pp. 18-21 18
Teatro Real 20
Telefónica 11

Museus e Galerias
Real Academia de Bellas Artes de San Fernando 9

Igrejas e Conventos
Basílica Pontificia de San Miguel 5
Catedral de la Almudena 22
Colegiata de San Isidro 6
Iglesia de San Nicolás 21
Monasterio de la Encarnación 17
Monasterio de las Descalzas Reales 13
San Francisco el Grande 25

Ruas, Praças, Parques e Bairros
Calle de Preciados 14
Campo del Moro 23
Gran Vía 10
La Latina 27
Plaza de España 15
Plaza de la Paja 26
Plaza de la Villa 4
Plaza de Oriente 19
Plaza de Santa Ana 8
Plaza del Callao 12
Plaza Mayor 2
Puerta del Sol 1

Mercados
El Rastro 28
Mercado de San Miguel 3

LEGENDA
Estação de metrô
Estação de trem
Ponto de ônibus principal
Informação turística

VER TAMBÉM

• *Sugestões p. 25*

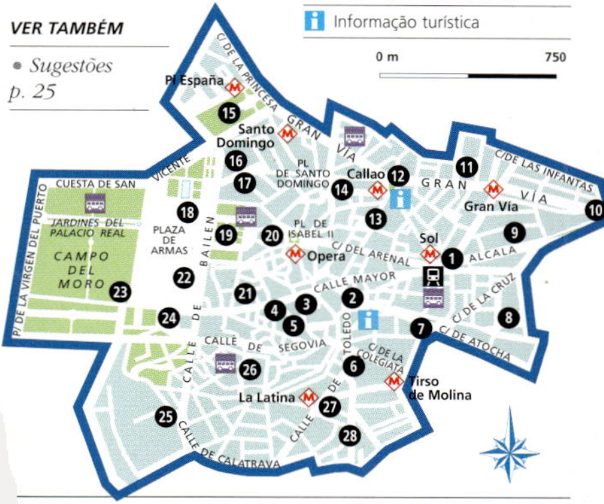

Edifício Capitol, em estilo art déco, na Gran Vía

Marco zero da rede rodoviária espanhola, na Puerta del Sol

Puerta del Sol ❶

Mapa E5.

A barulhenta Puerta del Sol é um dos pontos de encontro mais populares de Madri, marcando o local da entrada leste original da cidade. No fim do século XIX, a área foi transformada em praça e passou a atrair a alta sociedade. Hoje a "praça" tem a forma de uma meia-lua. O lado sul é ocupado pela austera Casa de Correos, de tijolos vermelhos, que abriga o governo regional. Do lado de fora do edifício, um símbolo no chão indica o marco zero da Espanha, centro a partir do qual se orientam todas as rodovias do país. Uma estação ferroviária hoje liga a "Sol" com às estações de Chamartín, ao norte, e de Atocha, ao sul. À meia-noite de Ano-Novo, uma multidão enche a praça e come uma uva para cada badalada do relógio, esperando sorte no ano que se inicia.

Plaza Mayor ❷

Mapa D5.

É uma magnífica praça retangular com pináculos, balcões, águas-furtadas e telhados íngremes. Filipe III mandou construí-la em 1617 e, dois anos depois, já estava pronta. Uma estátua equestre do rei fica aqui. A Casa de la Panadería é outra atração da praça. Sua fachada, que passou por uma restauração recente, é ornamentada com pinturas alegóricas. Hoje a Plaza Mayor tem muitos cafés e recebe aos domingos uma feira de antiguidades. A saída sul leva à Calle de Toledo, em direção às ruas onde é montado o famoso mercado de pulgas El Rastro. Um lance de escadas na extremidade sudoeste conduz ao Arco de Cuchilleros e à Calle de Cuchilleros, onde há uma série de *mesones*, restaurantes típicos da capital espanhola.

Pinturas alegóricas na Casa de la Panadería, Plaza Mayor

Mercado de San Miguel ❸

Mapa D5. Plaza de San Miguel. Aberto diariam, exceto dom e feriados.

Este é o único exemplar que restou dos antigos mercados de ferro. Com um só pavimento e envidraçado, foi construído entre 1914 e 1915

Colorido das barracas de hortaliça, no Mercado de San Miguel

e fica no local da antiga Iglesia de San Miguel de los Octoes, que foi demolida em 1810, no reinado de José Bonaparte.

Plaza de la Villa ❹

Mapa C5.

Já foi restaurada diversas vezes e é uma das mais atraentes da cidade. O edifício mais antigo é a Torre de los Lujanes, erguida no início do século XV. A Casa de Cisneros foi construída em 1537 para o sobrinho do cardeal Cisneros, fundador da histórica Universidade de Alcalá. A prefeitura *(Ayuntamiento)* é ligada à casa por uma ponte coberta. Antes do término da construção, ganhou portais barrocos. Um balcão foi acrescentado para que a família real assistisse às procissões de Corpus Christi.

Basílica Pontificia de San Miguel ❺

Mapa C5. Calle de San Justo 4. Aberta diariam. Grátis.

Administrada pela Opus Dei, a basílica foi erguida entre 1739 e 1746; o frontão e as torres gêmeas que encimam a fachada convexa foram adicionados depois. Quatro estátuas alegóricas, representando a Caridade, a Força Moral, a Fé e a Esperança, enfeitam a fachada da basílica. Os mártires Justo e Pastor são retratados em entalhes.

Colegiata de San Isidro ❻

Mapa D6. Calle Toledo 37. Aberta diariam. Grátis.

Igreja de duas torres em estilo barroco construída para os jesuítas em meados do século XVII. Em 1767, Carlos III (1759-88) expulsou os jesuítas do país e a igreja foi consagrada pelo padroeiro de Madri, cujos restos mortais estão aqui. A Colegiata de San Isidro foi devolvida aos jesuítas no reinado de Fernando VII (1814-33).

A Estátua da Caridade adorna a Basílica Pontificia de San Miguel

Palacio de Santa Cruz, do século XVII – joia do período Habsburgo

Palacio de Santa Cruz 7

Mapa D5. Plaza de Santa Cruz. Fechado ao público.

Construído entre 1629 e 1643, este edifício é uma das joias do período Habsburgo. Desde 1901 abriga o Ministério das Relações Exteriores, mas já foi sede do Ministério Ultramarino, de tribunais de justiça e, originalmente, da Cárcel de la Corte (prisão). Com pátios internos e torres pontiagudas, o estilo do edifício se harmoniza com a região da Plaza Mayor. Passou a ser conhecido como Palacio de Santa Cruz após 1846, depois de uma restauração.

Plaza de Santa Ana 8

Mapa E5.

Esta ampla praça para pedestres é um ponto de encontro popular e agitado. Monumentos a dois dos mais famosos escritores espanhóis dão mostra do forte passado literário do local. Em um extremo da praça há uma estátua do poeta e dramaturgo Federico García Lorca (1899-1936); no outro, um mármore retratando o dramaturgo Pedro Calderón de la Barca (1600-81). As varandas da Plaza de Santa Ana e das ruas adjacentes abrigam alguns dos mais populares restaurantes e bares da capital. A clássica Cervecería Alemana, de 1904 e frequentada por Ernest Hemingway, está sempre lotada. Dobrando a esquina do teatro fica o Viva Madrid, bar que atrai jovens solteiros.

Cena de uma peça de Calderón de la Barca adorna a sua estátua

Real Academia de Bellas Artes de San Fernando 9

Mapa E5. Calle de Alcalá. Aberta 10h-15h ter-dom, exceto alguns feriados. Entrada paga. Grátis qua.

Dalí e Picasso estudaram nesta academia de arte, instalada em edifício do século XVIII. Sua galeria expõe grande acervo, com trabalhos de Rafael e Ticiano. Uma coleção magnífica

VP
EUROPA
MADRID
CALDERON

Altar decorado em capela do Monasterio de las Descalzas Reales

Monasterio de las Descalzas Reales ⑬

Mapa D5. Plaza de las Descalzas. Aberto ter-dom, feriados. Fechado seg, 1º e 6 jan, semana da Páscoa, 1º e 15 mai, 9 nov, 24, 25 e 31 dez. Entrada paga. Grátis qua e qui para residentes da UE.

O mais notável edifício religioso de Madri é também um sobrevivente raro da arquitetura do século XVI na cidade. Por volta de 1560, a irmã de Filipe II, Joana, transformou o palácio medieval que havia no lugar em um convento para freiras e mulheres da casa real. A condição social de Joana e das demais freiras justifica o importante acervo de arte e a riqueza do lugar. A escadaria tem um afresco de Filipe IV com a família, e o teto é um trabalho de Claudio Coello. Há várias capelas com obras de arte e objetos preciosos. A capela principal guarda o túmulo de Joana.

Calle de Preciados ⑭

Mapa D4.

A rua adquiriu suas feições modernas durante o *Ensanche* (expansão urbana), em meados do século XIX. Ela é o berço da mais bem-sucedida loja de departamentos da Espanha, a cadeia El Corte Inglés, com filiais espalhadas por todo o país. Fundada por Ramón Areces nos anos 1940, El Corte Inglés era uma loja de roupas modesta, mas hoje ocupa um prédio de oito andares na extremidade sul da rua. Na outra ponta há um edifício moderno ocupado pela Fnac e o belo café e livraria La Central.

Plaza de España ⑮

Mapa C4.

A praça é um dos mais movimentados cruzamentos e pontos de encontro da capital espanhola. Nos séculos XVIII e XIX, era ocupada por quartéis do Exército, aqui construídos por causa da proximidade com o Palacio Real. Entretanto, a expansão posterior da cidade transfor-

Obelisco de pedra com a estátua de Miguel de Cervantes, Plaza de España

mou o local em um espaço público. A área mais atraente da Plaza de España é o centro, onde há um imenso obelisco de pedra, erguido em 1928, com uma estátua de Cervantes na frente. Abaixo de Cervantes, Dom Quixote monta seu cavalo, com Sancho Pança ao lado. Na praça estão grandiosos edifícios, como o Edificio España e a Torre de Madrid, com os seus 33 andares.

Antiga assembleia do Palacio del Senado

Palacio del Senado ⓰

Mapa C4. Plaza de la Marina Española 8. Visitas em dias úteis por agendamento (tel: 91 538 14 41 ou visitas@senado.es). Fechado Páscoa, ago e feriados. Grátis.

A Câmara Alta das Cortes Gerais (o Parlamento espanhol) fica em um mosteiro do século XVI adaptado em 1814. Ele se tornou sede do Senado quando o sistema bicameral foi introduzido no país, 23 anos depois. Em 1991 foi construída uma ala semicircular nos fundos, com estrutura de granito e vidro. O palácio fica aberto ao público por três dias no início de dezembro, para celebrar o 6 de Dezembro, Dia da Constituição.

Monasterio de la Encarnación ⓱

Mapa C4. Plaza de la Encarnación. Aberto ter-dom, feriados. Fechado seg, 24, 25 e 31 dez, 1º e 6 jan, semana da Páscoa, 1º e 15 mai, 27 jul, 9 nov. Entrada paga. Grátis qua e qui à tarde para residentes da UE.

Situado em uma adorável praça arborizada, este convento agostiniano foi fundado em 1611 por Margarida da Áustria, mulher de Filipe III, e projetado por Juan Gómez de Mora, que também construiu a Plaza Mayor. Ainda habitado por freiras, o convento preserva a atmosfera da velha Castela, com seus azulejos de Talavera e os retratos dos benfeitores da realeza. Abriga também um acervo de arte dos séculos XVII e XVIII, com pinturas de José de Ribera e Vincente Carducho e a estátua de madeira *Cristo deitado*, de Gregorio Fernández.

A entrada imponente do Monasterio de la Encarnación

Palacio Real ⓲

pp. 18-21.

Palacio Real 18

O imenso e luxuoso Palacio Real de Madri foi feito para impressionar. O local, no alto de uma colina sobre o rio Manzanares, fora ocupado por um forte real durante séculos, mas depois de um incêndio, em 1734, Filipe V encomendou um "substituto" digno de um palácio. A construção durou 26 anos. O Palacio Real é usado em cerimônias oficiais.

A Sala de Jantar, *com seus lustres, os tetos pintados e as tapeçarias, mostra a grandeza dos Bourbon.*

A Sala de Porcelana, *com paredes inteiramente recobertas de porcelana da fábrica de Buen Retiro.*

As Salas Gasparini *são decoradas com motivos chineses e estilo rococó.*

PREPARE-SE

Mapa B5. Calle de Bailén. Aberto abr-set: 10h-20h diariam; out-mar: 10h-18h diariam. Fechado alguns feriados e para cerimônias. Entrada paga. Grátis abr-set: seg-qui a partir das 18h (out-mar 16h) para residentes da UE. **www.patrimonionacional.es**

Uma escadaria de mármore *leva ao andar principal.*

A Sala do Trono *é a única do palácio com a decoração original dos tempos de Carlos III.*

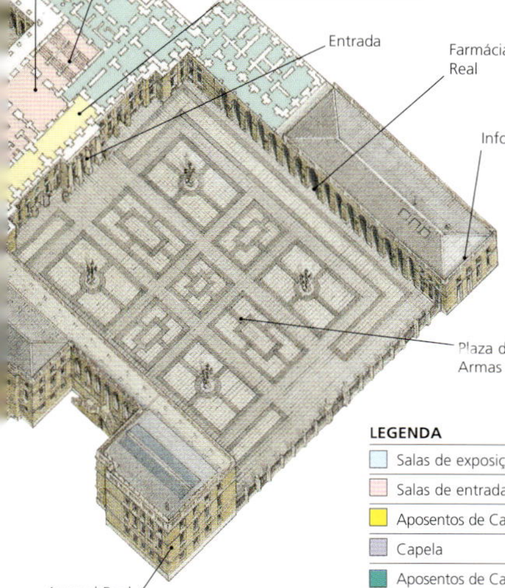

Como Explorar o Palacio Real

O palácio fica no local da fortaleza moura original, ou Alcázar, que passou a servir de residência aos hóspedes reais após a conquista cristã da cidade, em 1085. Em 1561, funcionou como residência de Filipe II até que o Escorial ficasse pronto, em 1584. O Alcázar foi destruído por um incêndio na véspera do Natal de 1734. Como Filipe V queria um palácio no estilo de Versalhes, onde passara a infância, encomendou uma construção decorada no estilo francês.

O Palácio

O projeto era tão grande que a construção demorou de 1738 a 1764, quando Filipe V já estava morto. Seu filho, Carlos III, foi o primeiro rei a habitá-lo. O palácio foi a residência oficial da família real espanhola até o exílio de Afonso XIII, em 1931. A distribuição das salas e a decoração interna foram alteradas pelos sucessivos monarcas.

Salas de Entrada

A escadaria principal, com degraus de mármore de Toledo, e o teto com afrescos de Corrado Giaquinto dão uma amostra do que está por vir. A primeira parada é o Salón de los Alabarderos, decorado com um afresco de Tiépolo. Ao lado fica o Salón de Columnas, que serviu como sala de banquetes até que a nova sala de jantar fosse incorporada, no século XIX. Hoje ele é usado em recepções e cerimônias – o acordo pelo qual a Espanha se juntou à UE foi assinado aqui, na mesa do século XIX que se apoia em esfinges. Há cinco tapeçarias com os Atos dos Apóstolos.

Sala do Trono

Aposentos de Carlos III

Saindo da Sala do Trono há três salas menores batizadas em homenagem a seu primeiro decorador, Mattia Gasparini. Eram as câmaras privadas do rei. Ele fazia as refeições na Sala de Gasparini – muito solitária, se levarmos em conta que a rainha tinha sua própria sala de jantar. A Antecámara de Gasparini tem quatro retratos de Carlos IV e Maria Luísa de Parma pintados por Goya. O rei era vestido na Cámara de Gasparini, em geral na presença de cortesãos. É a única que preserva a decoração original.

Plaza de Armas, que forma a entrada da farmácia

Sala de Jantar

Os 400m² da sala de banquetes surgiram em 1879, quando os aposentos privados da rainha foram reunidos, durante o reinado de Afonso XII. Ela é ricamente decorada com placas de ouro no teto e nas paredes, afrescos, lustres, tapeçarias flamengas, vasos chineses e cortinas bordadas. A mesa desta sala acomoda até 160 comensais.

Capela

Construída em 1749-57, a capela ainda é usada nas missas e nas *soirées* musicais. Embora a decoração seja luxuosa, o que mais chama atenção na capela é a cúpula com murais do pintor italiano Corrado Giaquinto. Há também o Salón de Paso, o Salón de Escutos, quarto de dormir da rainha, e o Gabinete de Maderas de Indias, usado como escritório.

Farmácia e Arsenal

Voltando à Plaza de Armas, ao lado da bilheteria fica a Real Farmacia, que foi fundada por Filipe II em 1594. A farmácia do Palacio Real é composta de várias salas e guarda muitos potes e frascos com o nome de diversas poções e plantas medicinais, utilizadas pela nobreza. Do outro lado da praça fica a Real Armería (Arsenal Real), instalada em um pavilhão construído em 1897, depois que o original foi destruído por um incêndio. Ali estão expostas armas e armaduras, como o exemplar elaborado que pertenceu a Carlos I, ou Carlos V, sacro imperador romano-germânico.

Símbolos de ervas da farmácia

Estátua de Filipe IV, obra de Pietro Tacca, Plaza de Oriente

Plaza de Oriente ⓳

Mapa C5.

No período em que foi rei da Espanha, José Bonaparte esculpiu este espaço em forma de estribo entre a confusão de prédios a leste do Palacio Real, proporcionando a vista que hoje se tem do palácio. A praça já foi um importante ponto de reunião em cerimônias de Estado: reis, rainhas e ditadores fizeram aparições públicas no balcão do palácio. As várias estátuas de velhos monarcas que ficam ali foram feitas para enfeitar o telhado do Palacio Real, mas mostraram-se pesadas demais para ele. A estátua de Filipe IV no centro da praça foi esculpida pelo italiano Pietro Tacca.

Teatro Real ⓴

Mapa C5. Plaza de Oriente 5. Aberto para visitas guiadas diariam 10h30-13h a cada 30min, exceto ago. Entrada paga.

A casa de óperas de Madri fica em frente ao Palacio Real, na Plaza de Oriente. Trata-se de uma construção imponente, sextavada, ainda mais impressionante quando se sabe que há seis andares abaixo do solo, além dos nove aparentes do nível da rua. O edifício foi construído em 1850. Porém, a maior parte da estrutura atual é resultado de um grande projeto de reforma, realizado entre 1991 e 1997. A área principal, em formato de fer-

O imponente interior da casa de óperas de Madri, o Teatro Real

radura, decorada em dourado e vermelho, tem cinco níveis de assentos e capacidade para 1.630 espectadores em 1.430m². Outras características notáveis do teatro são a cortina e o lustre de cristal de 2,5 toneladas. Em 1991, o Teatro Real foi reformado, passando por momentos complicados, como a morte do arquiteto durante uma inspeção. Em outubro de 1997, quando finalmente reabriu, com uma montagem de *O chapéu de três pontas*, de De Falla, havia estourado o orçamento e estava cinco anos atrasado.

Iglesia de San Nicolás ㉑

Mapa C5. Plaza de San Nicolás. Aberta diariam. Grátis.

A primeira menção à Iglesia de San Nicolás de Bari aparece em um documento de 1202. Sua torre de tijolos aparentes, decorada com arcos, é a mais antiga construção religiosa de Madri. Estima-se que seja do século XII, tem estilo mudéjar e originalmente pode ter sido parte de uma mesquita.

Torre de tijolos da Iglesia de San Nicolás: estilo mudéjar, século XII

Catedral de la Almudena ㉒

Mapa B5. Calle de Bailén 10. Abre diariam. Missas 12h, 18h, 19h. Grátis.

Sua construção começou em 1879 e só terminou em 1993, com a participação de muitos arquitetos. A cripta abriga uma imagem da Virgem de la Almudena, do século XVI.

Vista da Catedral de la Almudena e do Palacio Real

Campo del Moro ㉓

Mapa B5. Paseo Virgen del Puerto. Para horários de abertura, ver Palácio Real *(p. 18)*. Fechado 24, 25 e 31 dez, 1º e 6 jan, 1º e 15 mai, 12 out, 9 nov. Grátis.

Este parque agradável se estende a partir do rio Manzanares e oferece uma das mais lindas vistas do Palacio Real. O nome vem do líder do exército mouro Ali ben Yusuf, que em 1109 montou aqui um acampamento. Depois o parque se tornou campo de justa dos cavaleiros cristãos. Ficou fechado por anos, até 1983.

Muralla Arabe ㉔

Mapa B5. Parque del Emir Mohamed I, Cuesta de la Vega. Aberta diariam. Grátis.

Ergue-se ao sul da Catedral de la Almudena, no pé da íngreme Cuesta de la Vega, conjunto de alamedas dentro do Parque del Emir Mohamed I. Acredita-se que um dos principais portões da cidade moura ficasse neste local.

San Francisco el Grande ㉕

Mapa B6. Plaza de San Francisco. Museu aberto ter-sex, sáb manhã (diariam ago). Capela principal aberta manhã sáb. Entrada paga (inclui visita guiada).

Erigida entre 1760 e 1784 no local onde funcionava um convento franciscano, esta basílica foi exageradamente reformada em 1878. Exibe o maior domo da Espanha. A Capilla del Cristo de los Dolores, ao lado, data de 1162.

Interior de San Francisco el Grande, com obras de grandes artistas

Plaza de la Paja ㉖

Mapa C6.

Antigo centro da Madri medieval, a região em torno da Plaza de la Paja – literalmente, Praça da Palha – preserva o encanto original. Apesar de localizada em um bairro menos abastado, ela conta com vários edifícios interessantes, como a Iglesia de San Pedro e a de San Andrés.

Plaza de la Paja, na Madri medieval

La Latina ㉗

Mapa C6.

Casas altas e estreitas enfileiram-se nas ruas íngremes de La Latina, cuja oferta de bares e tabernas atrai jovens em grande número. O bairro, juntamente com o vizinho Lavapiés, é considerado o centro *castizo* (da classe operária tradicional) de Madri.

El Rastro ㉘

Mapa D6. Calle de la Ribera de Curtidores. Aberto 10h-20h dom e feriados.

O centro do festejado mercado de pulgas de Madri, criado na Idade Média, fica na Plaza de Cascorro. Dali ele desce até o rio Manzanares. A principal rua pela qual se estende o mercado El Rastro é a Calle de la Ribera de Curtidores, que concentrava os matadouros e os curtumes da cidade.

SUGESTÕES

RESTAURANTES

El Oso y El Madroño
Mapa D5. Calle de la Bolsa 4.
Tel 91 522 77 96.
Barato
Seu logo é o emblema da cidade. Serve o famoso cocido.

Casa Ciriaco
Mapa C5. Calle Mayor 84.
Tel 91 548 06 20. Fechado ago.
Moderado
A Casa Ciriaco é um ótimo lugar para experimentar a clássica sobremesa bizcocho borracho *(bolo à base de vinho e sidra).*

La Bola
Mapa C4. Calle de la Bola 5.
Tel 91 547 69 30. Fecha dom tarde (jul-ago: sáb tarde e dom).
Moderado
La Bola tem uma original sala de jantar do século XIX. A casa serve o cocido *em recipientes específicos* (pucheros). *Não aceita cartões de crédito.*

Botín
Mapa D5. Calle de los Cuchilleros 17. Tel 91 366 42 17.
Caro
Ernest Hemingway era fã deste restaurante. Seu prato favorito era a bisteca de porco, ainda clássica na casa.

BARES E CAFÉS

Café de Oriente
Mapa C5. Plaza de Oriente 2.
Café elegante, com sofás de couro e um lindo terraço.

Casa Alberto
Mapa E6. Calle de las Huertas 18.
Fechado dom, ago.
Cervantes escreveu aqui parte de sua obra-prima, Dom Quixote.

La Casa del Abuelo
Mapa E5. Calle de la Victoria 12.
Bar de tapas por excelência, fundado em 1906. A especialidade da casa são os pitus.

Chocolatería San Ginés
Mapa D5. Pasadizo de S Ginés 5.
Ótimo local para um café da manhã após a balada. Prove o chocolate con churros.

Taberna de Antonio Sánchez
Mapa D6. Calle de Mesón de Paredes 13. Fechado dom tarde.
Bar de tapas em ambiente descontraído.

Viva Madrid
Mapa E6. Calle Manuel Fernández y González 7.
Este bar vale uma visita só pela decoração. É um dos melhores da cidade.

COMPRAS

El Flamenco Vive
Mapa C5. Calle Conde de Lemos 7. Fechado dom.
Loja familiar especializada em flamenco. Vende lindos vestidos, CDs, livros e DVDs.

Antigua Casa Talavera
Mapa C4. Calle de Isabel La Católica 2. Fechado sáb tarde, dom.
Se você ficou impressionado com as cerâmicas Talavera do Palacio Real, nesta loja encontrará peças modernas dos descendentes daqueles artesãos, cujo design não deixa nada a desejar ao passado. A loja oferece uma variedade impressionante de jarras, pratos etc.

Ver códigos de preços na p. 80.

MADRI DOS BOURBON

Os monarcas Bourbon expandiram a região no século XVIII, construindo grandes praças com fontes, um portão triunfal e a mansão que abriga o principal museu da cidade, o Prado.

PRINCIPAIS ATRAÇÕES

Edifícios e Monumentos Históricos

Banco de España 5
Bolsa de Comercio 7
Casa de Lope de Vega 17
Círculo de Bellas Artes 12
Edificio Metrópolis 14
Estación de Atocha 26
Westin Palace 10
Hotel Ritz 9
Ministerio de Agricultura 23
Observatorio Astronómico 24
Palacio de Comunicaciones 3
Palacio de Fernán Núñez 27
Palacio de Linares 2
Puerta de Alcalá 1
Real Academia de la Historia 16
Real Academia Española 20
Teatro Español 15

Museus e Galerias

Centro de Arte Reina Sofía 28
Museo del Prado 18
Museo Nacional de Antropología 25
Museo Nacional de Artes Decorativas 8
Museo Naval 6
Museo Thyssen-Bornemisza 11

Igrejas

Iglesia de San Jerónimo el Real 19
Iglesia de San José 13

Ruas, Praças e Parques

Parque del Retiro 21
Plaza de Cibeles 4
Real Jardín Botánico 22

LEGENDA

Estação de metrô
Ponto de ônibus principal
Estação de trem
Informação turística

0 m 400

VER TAMBÉM

• *Sugestões p. 37*

◀ *Monumento a Alfonso XII, no Parque del Retiro*

Vistà através do arco central da Puerta de Alcalá

Puerta de Alcalá ❶

Mapa H4.

Este é o mais grandioso monumento erguido por Carlos II em sua estratégia de melhorar a região leste de Madri. Projetada por Francesco Sabatini, substituiu um portal barroco menor, que havia sido construído por Filipe II para a chegada da mulher a Madri.

Palacio de Linares ❷

Mapa G4. Plaza de Cibeles 2. Sala de Exposição aberta seg-sex, sáb manhã. Grátis. Abre para visitas guiadas sáb e dom 11h, 12h e 13h. Entrada paga. Fechado ago.

Em 1873, Amadeu I recompensou o apoio do banqueiro José de Murga conferindo--lhe o título de marquês de Linares. Rapidamente o novo aristocrata pôs-se a construir para si a residência mais luxuosa que Madri já vira. Os cômodos do palacete são decorados no estilo rococó. Os mais marcantes são a sala de jantar de gala, o salão de baile, o Salón China (Sala Oriental) e a capela em estilo bizantino. O palácio foi salvo do abandono do século XX graças à decisão do governo espanhol de reformá-lo para as comemorações de Madri como capital da cultura europeia, em 1992. O edifício hoje abriga a Casa de América, organização que promove a cultura latino-americana.

O ápice da extravagância rococó no salão de baile do Palacio de Linares

Palacio de Comunicaciones ❸

Mapa G4. Plaza de Cibeles. Fechado para o público.

Ocupando um dos cantos da Plaza de Cibeles, este notável edifício lembra um bolo de noiva. Construído entre os anos de 1905 e 1917, já foi sede central do serviço postal espanhol (hoje ainda há uma agência do correio no local). O Comitê Olímpico de Madri está baseado aqui, assim como a prefeitura da cidade.

Plaza de Cibeles ❹

Mapa G4.

Além de ser um dos mais conhecidos marcos de Madri, a Plaza de Cibeles é também um dos mais bonitos. A Fuente de Cibeles situa-se no meio de uma rotatória movimentada no cruzamento do Paseo del Prado com a Calle de Alcalá. Esta bela fonte esculpida recebeu o nome da deusa greco-romana da natureza, Cibele, que aparece em uma carruagem puxada por dois leões. Projetada no fim do século XVIII pelos arquitetos José Hermosilla e Ventura Rodríguez, é considerada um importante símbolo de Madri.

Fuente de Cibeles, com o Palacio de Linares ao fundo

O imponente edifício que abriga o Banco de España

Banco de España ❺

Mapa F5. Calle Alcalá. Fechado para o público.

Um dos edifícios mais famosos de Madri, foi projetado pelos arquitetos Sainz de la Lastra e Adano, que estudaram a arquitetura de outros bancos europeus. Os portões de ferro forjado, uma obra-prima do artista Bernard Asins, foram abertos em 1927. O prédio foi construído entre 1882 e 1891 e ocupava uma das esquinas da Plaza de Cibeles. As outras alas surgiram depois. O Banco de España foi fundado em 1856.

Museo Naval ❻

Mapa G5. Paseo del Prado 5. Aberto ter-dom (ago só manhã). Fechado nos feriados. Grátis.

Este museu tem 18 salas que contam a história das viagens marítimas da Espanha. Destaque para o mapa-múndi de 1500 mostrando as Américas pela primeira vez.

Vista da galeria – operadores trabalham na Bolsa de Comercio

Bolsa de Comercio 7

Mapa G5. Plaza de la Lealtad 1. Marcar hora exceto jul, sáb, dom e feriados. Grátis.

A Bolsa de Valores foi criada em 1831. Projetado por Enrique María Repullés y Vargas, o edifício levou mais de seis anos para ficar pronto, mas o seu acabamento ficou impecável. Não perca o Salón de los Pasos Perdidos, onde os corretores trabalham.

Museo Nacional de Artes Decorativas 8

Mapa G5. Calle de Montalbán 12. Aberto ter-dom (jul e ago somente manhã, exceto qui). Fechado seg, feriados. Entrada paga. Grátis qui tarde, dom manhã.

Instalado em uma residência aristocrática do século XIX, com vista para o Parque del Retiro, o museu conta com um interessante acervo de móveis e *objets d'art*. Em sua maioria, as peças são espanholas e datam do tempo dos fenícios. A grande atração é a cozinha do século XVIII.

Hotel Ritz 9

Mapa G5. Plaza de la Lealtad 5.

A alguns metros do Prado, o Ritz é tido como o hotel mais extravagante da Espanha. Foi encomendado em 1906, na época em que Afonso XIII se sentiu envergonhado com a falta de acomodações luxuosas na cidade para os convidados de seu casamento. A opulência do Ritz se reflete nos preços. Os 158 quartos são finamente decorados, com tapetes tecidos a mão na Real Fábrica de Tapices.

A elegância descontraída do Rotonda Hall, no Palace

Westin Palace 10

Mapa F5. Plaza de las Cortes 7.

O antigo palácio do duque de Medinaceli foi demolido para a construção deste hotel, inaugurado em 1912. Afonso XIII queria que sua capital tivesse hotéis elegantes, que rivalizassem com os das outras cidades europeias, e estimulou o projeto. Sua trajetória de hotel de luxo foi interrompida apenas durante a Guerra Civil Espanhola. O Hotel Palace passou por uma grande reforma em 1997, quando ganhou uma Suíte Real, um solário e uma adega para degustações.

Museo Thyssen--Bornemisza ⓫

Mapa F5. Paseo del Prado 8. Aberto diariam. Fechado 1º jan, 1º mai, 25 dez. Entrada paga. Grátis 12h-16h seg.

O acervo do museu é uma ótima coleção da arte ocidental dos séculos XIV ao XX, passando pela maioria das escolas europeias.

Fachada do Museo Thyssen-Bornemisza

O Surgimento da Renascença
Primitivismo italiano e arte medieval e holandesa são vistos em *Cristo e a samaritana* (1311), de Duccio, e *A anunciação* (*c.* 1435-41), de Van Eyck.

Da Renascença ao Barroco
Esta seção contém o auge da Renascença e termina no Barroco e na pintura italiana do século XVIII. Entre os exemplos do notável Renascimento italiano estão *Jovem cavaleiro na paisagem* (1510), de Carpaccio, e *Retrato de um jovem* (*c.* 1515), de Rafael.

Pinturas Alemãs e Holandesas
O ponto forte do museu é o notável acervo de holandeses e flamengos. A pintura flamenga do século XVII está representada por trabalhos de Jan Brueghel, o Velho, e Van Dyck, apesar de a grande atração ser *A toalete de Vênus* (*c.* 1629), um dos quatro Rubens em exibição.

Do Rococó ao Realismo
O tema desta seção indica uma mudança estética em um curto período. O Rococó invadiu a Europa no início do século XVIII. Está bem representado aqui por *O descanso* (*c.* 1709) e *Pierrô alegre* (*c.* 1712), de Antoine Watteau, e *A toalete* (1742), de François Boucher. Mas os excessos comuns ao estilo rococó passaram a ser rejeitados em favor de linhas mais contidas e elegantes.

Mestres Modernos
O ano de 1863 foi central na evolução da arte moderna, pois os artistas rejeitados pelo Salão de Paris participaram de mostra paralela, o Salón des Refusés. A exibição dos trabalhos descartados deu início ao Impressionismo, que rompeu com as amarras acadêmicas. Alguns dos mais destacados expoentes do movimento, como Manet, Degas e Renoir, estão representados.

O acervo ocupa o neoclássico Palacio de Villahermosa

Café La Pecera, no Círculo de Bellas Artes

Círculo de Bellas Artes ⓬

Mapa F5. Calle de Alcalá 42. Aberto (café fecha 1h), exceto ago. Entrada paga. Mostra aberta ter-sáb, dom manhã.

A fundação foi criada em 1880. Desde 1926, funciona no mesmo edifício, projetado por Antonio Palacios. O prédio tem um salão de baile amplo, salas de exposição, teatro, biblioteca e estúdios que podem ser utilizados por pintores e escultores. Além de exposições, oficinas e palestras, o local abriga eventos sociais, como o baile de máscaras de Carnaval.

Iglesia de San José ⓭

Mapa F4. Calle de Alcalá 43. Aberta diariam. Grátis.

A igreja fazia parte de um convento carmelita, fundado em 1605 e demolido em 1863 para dar lugar a um teatro. A igreja foi reconstruída no reinado de Filipe V. Quando a Gran Vía surgiu, em 1908, a igreja mudou-se mais uma vez.

Edificio Metrópolis ⓮

Mapa F5. Calle de Alcalá. Fechado ao público.

De inspiração evidentemente francesa, este marco da cidade projeta-se como a proa de um navio na esquina da Calle Alcalá com a Gran Vía. Inaugurado em 1911, o Edificio Metrópolis foi projetado por Jules e Raymond Février para a companhia de seguros Unión y el Fenix Español. No início da década de 1970, a empresa vendeu o edifício

Cúpula do Edificio Metrópolis, inspirada em edifícios parisienses

ao proprietário atual, a seguradora Metrópolis. O prédio conta com uma torre circular, além de estátuas que representam o comércio, a agricultura, a indústria e a mineração. O destaque fica para *La violetera*, pequena estátua de uma vendedora de violetas.

Fachada do Teatro Español

Teatro Español ⓯

Mapa E5. Calle del Príncipe. Aberto para apresentações 19h, ter-dom. Visitas guiadas 12h ter-sex, exceto jul e ago.

Este é um dos teatros mais antigos de Madri. No fim do século XVI, várias das melhores peças espanholas eram encenadas no Corral del Príncipe, que ficava aqui. Substituído pelo Teatro del Príncipe em 1745, passou por ampla reforma em meados do século XIX e foi rebatizado como Teatro Español. Na fachada neoclássica estão gravados os nomes de grandes dramaturgos espanhóis, como García Lorca.

Real Academia de la Historia ⓰

Mapa E6. Calle del León. Aberta 16h-19h seg-sex, 11h-14h, sáb-dom (exposições).

A austera construção de tijolos que abriga a academia foi apropriadamente construída por Juan de Villanueva no Barrio de los Literatos, em 1788. De 1898 a 1912, o intelectual e bibliófilo Marcelino Menéndez Pelayo foi diretor da academia.

Casa de Lope de Vega ⓱

Mapa F5. Calle de Cervantes 11. Aberta ter-dom (apenas manhã), exceto ago e feriados. Grátis.

Félix Lope de Vega, importante escritor do *Siglo de Oro* (Era de Ouro), mudou-se para esta casa sombria em 1610 e nela viveu até a morte, em 1635. Foi aqui que escreveu mais de dois terços de suas peças, cujo total é estimado em cerca de 2.000. A casa foi aberta ao público em 1935, após um meticuloso projeto de restauração que chegou a incorporar alguns móveis do próprio Lope de Vega. Há uma capela e um jardim.

Vista do estúdio do escritor na Casa de Lope de Vega

Museo del Prado 18

Mapa G6. Paseo del Prado. Aberto 10h-20h diariam (até 19h dom). Fechado 1º jan, Sexta-Feira Santa, 1º mai, 25 dez. Entrada paga (coleção permanente grátis 18-20h ter-sáb, 17h-19h dom).

A força do acervo do Prado baseia-se nas coleções reais. A riqueza da arte de outros países, que inclui obras-primas europeias, reflete o poderio da coroa espanhola. Os Países Baixos e algumas áreas da Itália viveram sob domínio da Espanha por séculos. E o século XVIII viu surgir a influência francesa, graças à ascensão dos Bourbon ao trono espanhol. Se você for fazer apenas uma visita, não perca as obras espanholas do século XVII.

Estátua de Goya na entrada do Prado

Pintura Espanhola
Esta coleção é a mais impressionante. Há obras desde a Idade Média até o século XIX: peças de El Greco *(pp. 70-1)*, uma coleção completa de trabalhos de Diego Velázquez, incluindo a obra-prima *As meninas* (1656), e de Francisco de Goya, além de outros artistas espanhóis.

Pintura Flamenga e Holandesa
A longa relação da Espanha com os Países Baixos resultou em uma intensa admiração pelos chamados primitivos flamengos. Exemplos excepcionais da arte holandesa e flamenga estão expostos no Prado. Alguns exemplos são *Santa Bárbara*, de Robert Campin, *A descida da cruz*, de Van der Weyden, e as criações estranhas, porém notáveis, de Hieronymus Bosch.

Pintura Italiana
O museu abriga uma vasta coleção de italianos, incluindo obras de artistas como Botticelli, Rafael, Ticiano, Tintoretto, Caravaggio e Veronese.

Pintura Francesa
Casamentos entre a realeza francesa e espanhola, no século XVII, culminaram na ascensão dos Bourbon no século XVIII, e trouxeram a arte francesa ao país. O Prado abriga obras de Poussin, Claude Lorrain e Watteau, entre outros artistas.

O Prado foi projetado em 1785 por Juan de Villanueva

Estación de Atocha 26

Mapa G7. Plaza del Emperador Carlos V. Aberta diariam.

O primeiro serviço de trens de Madri ligava Atocha a Aranjuez e foi inaugurado em 1851 por Isabel II. Quarenta anos depois, a estação original foi substituída. A parte mais velha da estação atual foi uma das primeiras construções feitas de vidro e ferro batido. Fora, há um monumento aos mortos no atentado de 2004.

Palacio de Fernán Núñez 27

Mapa F6. Calle de Santa Isabel. Fechado ao público.

Também conhecido como Palacio de Cervellón, este edifício possui uma fachada simples, que não denuncia os tesouros que ele abriga. Erguido para o duque e a duquesa de Fernán Núñez em 1847, o palácio foi residência da família até 1936.

Centro de Arte Reina Sofía 28

Mapa F7. Calle de Santa Isabel. Aberto 10h-21h seg, qua-sáb; 10h-14h30 dom. Fechado 1º e 6 jan, 1º e 15 mai, 9 nov, 24, 25 e 31 dez. Entrada paga (grátis diariam à tarde).

O destaque deste museu de arte moderna é a obra-prima de Pablo Picasso, *Guernica* (1937), mas há trabalhos importantes de outros artistas, como Miró.

Pátio projetado por Jean Nouvel no Centro de Arte Reina Sofía

SUGESTÕES

RESTAURANTES

La Platería

Mapa G6. Calle de Moratín 49. Tel 91 429 17 22.

Barato

La Platería fica perto do Paseo del Prado e conta com um terraço onde você pode experimentar pratos castellanos, *como* jamón Ibérico *e queijos.*

La Finca de Susana

Mapa F5. Calle Arlabán 4. Tel 91 369 35 57.

Moderado

Este restaurante oferece cozinha regional espanhola. Não perca as deliciosas sobremesas da casa.

Viridiana

Mapa G5. Calle Juan de Mena 14. Tel 91 523 44 78. Fecha dom.

Caro

Criativas receitas espanholas.

BARES E CAFÉS

Café del Museo Thyssen-Bornemisza

Mapa F5. Paseo del Prado 8. Fechado seg. *Oferece menu à la carte e boas opções de lanches e refeições leves.*

Café Chócala

Mapa H4. Calle de Alcala 87. *Em frente ao portão principal do Retiro, vale uma parada.*

Ver códigos de preços na p. 80.

LA CASTELLANA E ARREDORES

O eixo da Madri moderna é o arborizado Paseo de la Castellana, desenvolvido pela aristrocracia que instalou palacetes de verão da Plaza de Colón para cima. A leste, fica o requintado Barrio de Salamanca. A sudoeste, estão Chueca e Malasaña, bairros que oferecem uma atmosfera autenticamente *madrileña*. A porção sul do bulevar se chama Paseo de Recoletos e abriga atrações como o Museo Arqueológico Nacional.

PRINCIPAIS ATRAÇÕES

Museus e Galerias
Fundación Juan March ⓫
Museo Arqueológico Nacional ❽
Museo de Cera ❻
Museo de Historia ⓯
Museo Lázaro Galdiano ⓬
Museo Romántico ⓮
Museo Sorolla ⓭

Igrejas
Iglesia de Santa Bárbara ❹

Ruas, Praças, Parques e Distritos
Calle de Serrano ❾
Calle del Almirante ❷
Malasaña ⓰
Plaza de Chueca ❸
Plaza de Colón ❼
Salamanca ❿

Edifícios Históricos
Café Gijón ❶
Cuartel del Conde Duque ⓱
Palacio de Liria ⓲
Tribunal Supremo ❺

VER TAMBÉM

• *Sugestões p. 45*

LEGENDA
- Estação de metrô
- Ponto de ônibus principal
- Informação turística

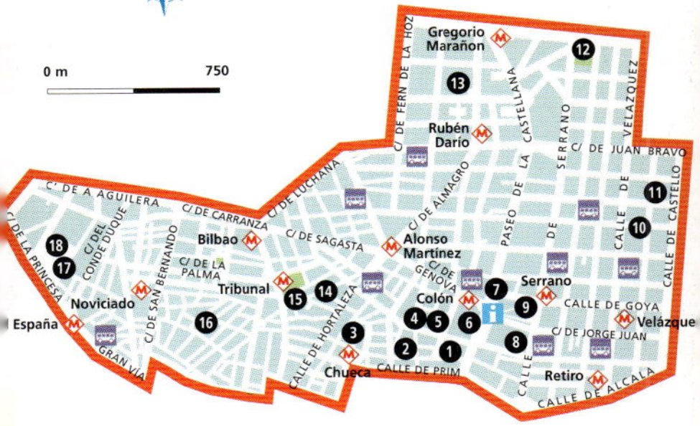

Interior do Café Gijón

Café Gijón ❶

Mapa G4. Paseo de Recoletos 2. Aberto diariam.

O café atrai um animado público de intelectuais. Embora seja mais conhecido pelo clima do que pela aparência, o Gijón tem um belo interior com colunas de ferro batido pintadas de creme e mesas com tampo preto e branco.

Calle del Almirante ❷

Mapa F4.

Correndo entre o Paseo de Recoletos e a Calle Barquillo, esta rua é famosa

Vista da moderna Calle del Almirante

pelas confecções de roupa. Durante a maior parte do século XX ela foi conhecida como "Calle de Cesterías" (rua dos cestos). Hoje a única loja do gênero é a de Antonio del Pozo, fundada em 1891. Há também lojas de móveis e de decoração requintadas, mas a rua foi incluída no circuito da moda e tornou-se famosa pelas lojas de roupa, como a de Jesús del Pozo. No nº 23 fica a Almirante 23, ideal para quem procura antiguidades.

Plaza de Chueca ❸

Mapa F4.

A Plaza de Chueca se situa entre a Calle Augusto Figueroa e a Calle Gravina. No início a praça se chamava Plaza de San Gregorio, por causa de uma estátua do santo que ficava na Calle San Gregorio, no portão principal da mansão senhorial dos marqueses de Minaya. Em 1943, foi rebatizada de Federico Chueca (1846-1908), um famoso compositor de *zarzuelas*.

Iglesia de Santa Bárbara ❹

Mapa F3. Calle General Castaños 2. Aberta diariam. Grátis.

Não se pouparam recursos nesta igreja barroca, que, juntamente com um convento (agora o Tribunal Supremo), foi construída para Bárbara de Bragança, mulher de Fernando VI. Para administrar o convento, que deveria ter também uma escola para as filhas da nobreza, Bárbara escolheu Las Salesas Reales – uma ordem salesiana de freiras

O interior ricamente decorado da Iglesia de Santa Bárbara

fundada em 1610 por são Francisco de Sales e santa Jane de Chantal, em Annecy, França. Às vezes a igreja é chamada de Las Salesas Reales.

Tribunal Supremo ❺

Mapa G3. Plaza de la Villa de Paris. Marcar hora por escrito (email: visitasguiadas.ts@justicia.es). Grátis.

Construído por François Carlier nos anos 1750 para abrigar um convento e uma escola anexos à Iglesia de Santa Bárbara, este imponente edifício barroco era administrado pelas Salesas Reales. As freiras permaneceram no local até 1870, quando o prédio foi expropriado pelo governo para sediar o Palácio da Justiça. Foi nos anos 1990 que o edifício passou a abrigar a Suprema Corte. Em frente fica a Plaza de la Villa de Paris, em estilo francês.

Museo de Cera ❻

Mapa G3. Paseo de Recoletos. Aberto diariam. Grátis.

O Museo de Cera de Madri, na Plaza de Colón, exibe cerca de 450 bonecos de pessoas muito conhecidas na Espanha e no mundo, em sua maioria inseridos em algum cenário. No cinema do andar superior, 27 projetores contam, simultaneamente, a história da Espanha em 60 minutos.

Uma cena com Miguel de Cervantes, no Museo de Cera

Monumento a Cristóvão Colombo na Plaza de Colón

Plaza de Colón ❼

Mapa G3.

Esta praça ampla, um dos pontos centrais de Madri, é dedicada a Cristóvão Colombo (Colón em espanhol). À sua volta, erguem-se arranha-céus dos anos 1970, que substituíram as mansões do século XIX. No lado sul da praça fica o palácio onde estão instalados a Biblioteca Nacional e o Museu Arqueológico Nacional. No lado norte, esquina com o Paseo de La Castellana, a Plaza de Colón é dominada pelo arranha-céu pós-modernista da multinacional Heron Corporation.

Museo Arqueológico Nacional ❽

Mapa G4. Calle de Serrano 13. Aberto ter-sáb, manhã dom. Fechado 1º e 6 jan, 1º mai, 24, 25 e 31 dez. Grátis.

Com um acervo composto de centenas de peças que variam da pré-história ao século XIX, este é um dos melhores museus de Madri. Foi fundado por Isabel II em 1867 e contém muitos itens descobertos em escavações feitas na Espanha, além de peças do Egito, da Grécia antiga e da civilização etrusca. Entre os destaques estão os mosaicos romanos. Parte do museu está fechada para reforma até 2011. Durante esse período, os visitantes podem apreciar os *Tesoros*, exposição gratuita de 300 obras-primas do acervo permanente.

Estátua de Colombo, na Plaza de Colón

Calle de Serrano ❾

Mapa H3.

A rua comercial mais elegante de Madri, que recebeu o nome de um político do século XIX, estende-se desde a Plaza de la Independencia até a Plaza del Ecuador, ao norte, já no afluente bairro de Salamanca. A rua conta com muitas lojas – várias especializadas em artigos de luxo – instaladas em antigas mansões. Uma ampla variedade de grifes pode ser encontrada na Calle de José Ortega y Gasset, que fica na região.

Salamanca ❿

Mapa H2.

O bairro de Salamanca, de famílias abastadas, desenvolveu-se a partir de 1862. O nome homenageia seu fundador, José "Pepito" Salamanca, marquês de Salamanca (1811- 83). Ele inaugurou, em 1858, um soberbo palácio no nº 10 do Paseo de Recoletos, bairro que hoje

Estátua do marquês de Salamanca, fundador do bairro homônimo

sedia o BBVA (Banco Bilbao Vizcaya Argentaria) e que a partir de 1862 começou a se desenvolver à sua volta. Também construiu o primeiro sistema de bondes da cidade, conectando o bairro ao centro de Madri. Algumas das melhores lojas da cidade estão aqui, onde também há ótimos restaurantes.

Fundación Juan March ⓫

Mapa J2. Calle de Castelló 77. Aberta seg-sex 11h-20h, sáb 11h-14h, feriados. Grátis.

Inaugurada em 1955 com uma doação do financista Juan March, esta fundação cultural e científica é mais conhecida pelos shows e pelas exposições de arte. A sede de mármore e vidro, situada no bairro de Salamanca, surgiu em 1975. A fundação publicou mais de 380 livros e coleções. O térreo abriga o espaço principal de exposições. Além de mostras temporárias, a fundação tem um acervo composto de mais de mil obras de artistas contemporâneos espanhóis, além de um grande auditório.

Museo Lázaro Galdiano ⓬

Mapa H1. Calle Serrano. Aberto diariam exceto ter, feriados. Entrada paga. Grátis 15h30-16h30, 14h-15h dom.

Mansão neorrenascentista que abriga quase 5 mil peças da coleção particular do financista e editor José Lázaro Galdiano (1862-1947). Os objetos vão do século VI a.C. até o século XX. Entre eles há descobertas arqueológicas, artefatos religiosos, pinturas dos velhos mestres, joias e prataria. Quando Galdiano morreu, cerca de 15 mil peças foram reunidas em Madri.

Escultura de Barrocol, na entrada principal da Fundación Juan March

Estúdio do impressionista Joaquín Sorolla, Museo Sorolla

Museo Sorolla ⓭

Mapa G1. Paseo del General Martínez Campos. Aberto diariam, exceto seg, feriados. Entrada paga. Grátis sáb tarde e dom manhã.

A mansão-estúdio do impressionista valenciano Joaquín Sorolla, que morreu em 1923, é hoje um museu que exibe seus trabalhos. Também estão expostos objetos colecionados ao longo da vida do artista, como azulejos e cerâmicas.

Museo Romántico ⓮

Mapa E3. Calle de San Mateo. Aberto ter-sáb, dom manhã. Fechado 1º e 6 jan, 1º mai, 24, 25 e 31 dez. Entrada paga. Dom grátis.

Esta pequena mansão neoclássica foi projetada por Manuel Martín, em 1776, para o marquês Matallana. Em 1924 o marquês de la Vega-Inclán, fundador da excelente rede estatal de *paradores* (hotéis de luxo instalados em castelos e mosteiros) da Espanha, um ávido colecionador de arte, transformou-a em um museu. Além de uma ampla variedade de objetos do século XIX, como instrumentos musicais, fotografias, bonecas e enfeites, há muitos retratos feitos por importantes artistas, entre eles: general Prim, por Esquivel; Fernando VII, por José de Madrazo; e María Cristina, por Salvador Gutiérrez. Há também uma bela coleção de costumbristas.

Museo de Historia ⓯

Mapa E3. Calle de Fuencarral 78. Tel 91 701 18 63. Aberto 9h30-20h ter-dom. Grátis.

O museu merece uma visita apenas pela majestosa porta barroca de Pedro de Ribera. Instalado no antigo Asilo de São Fernando, foi inaugurado em 1929. O subsolo é dedicado à arqueologia da cidade, e nos andares superiores há uma série de mapas que mostram a transformação radical de Madri. Entre eles está um mapa de Pedro Texeiro, de 1656, considerado o mais antigo da cidade.

Fachada barroca do Museo de Historia, de Pedro de Ribera

Malasaña ⓰

Mapa D3.

Chamada oficialmente de Barrio de Maravillas, ou seja, Bairro dos Milagres, por causa de uma igreja que havia aqui no século XVII, hoje a área é mais conhecida como Malasaña. Vielas estreitas

Altar-mor da Iglesia de San Plácido, em Malasaña

descem das ruas Carranza e Fuencarral até seu centro boêmio, a Plaza del Dos de Mayo. É um bairro boêmio da capital espanhola, cheio de praças imperdíveis.

Cuartel del Conde Duque 17

Mapa C3. Calle del Conde Duque 11. Aberto ter-dom manhã. Grátis.

Este imenso complexo foi batizado em homenagem a Gaspar de Guzmán (1587-1645), conde Duque de Olivares. Hoje abriga o Museo Municipal de Arte Contemporáneo.

Palacio de Liria 18

Mapa C3. Calle de la Princesa 20. Aberto com agendamento prévio sex manhã. Fechado meados jun-set, meados dez-meados jan.

Este opulento edifício foi a residência da família Alba, e ainda pertence a ela. Abriga uma formidável coleção de arte, que inclui obras de Ticiano, Rubens e Rembrandt e um retrato da duquesa de Alba feito por Goya em 1795.

SUGESTÕES

RESTAURANTES

El 2De

Mapa E3. Calle de S Andrés 25. Sem telefone.

Barato

Restaurante tradicional. Pode haver fila de espera, mas o ambiente vale a pena.

Loft 39

Mapa H3. Calle de Velásquez 39. Tel 91 432 43 86.

Caro

Restaurante de alto padrão com cardápio inovador. Belo terraço.

Divina La Cocina

Mapa F4. Calle de Colmenares 13. Tel 91 531 37 65.

Moderado

Restaurante de Chueca, cuja culinária fusion está fazendo sucesso na cidade.

BARES E CAFÉS

La Ardosa

Mapa E3. Calle de Colón 13. Tel 91 521 4979.

Famosa taberna que era frequentada pelo pintor Francisco de Goya. Serve excelentes tapas.

El Comunista

Mapa E4. Calle de Augusto Figueroa 35. Tel 91 521 70 12.

Uma das mais autênticas tabernas da cidade, que oferece comida caseira simples.

COMPRAS

Iñaki Sampedro

Mapa F4. Calle de Conde de N. Xiquena 13.

Imperdível butique onde há vários modelos de bolsas.

Ver códigos de preços na p. 80.

FORA DO CENTRO

Grande parte das melhores atrações turísticas de Madri, inclusive museus pouco conhecidos, fica fora do centro. São instituições cujos acervos descrevem o desenvolvimento da cidade e das colônias espanholas. Há muitos edifícios históricos fora do centro, como o Templo de Debod e La Corrala, um conjunto habitacional dos velhos tempos. Ao norte, fica o moderno bairro de Azca e a oeste, a linda Casa de Campo.

PRINCIPAIS ATRAÇÕES

Edifícios Históricos

Arco de la Victoria 2
Estación de Príncipe Pío 16
La Corrala 11
Puente de Segovia e rio Manzanares 13
Puerta de Toledo 12
Real Fábrica de Tapices 9
Sala del Canal de Isabel II 3
Templo de Debod 15

Igrejas e Conventos

Ermita de San Antonio de la Florida 14

Museus e Galerias

Museo Casa de la Moneda 8
Museo de América 1
Museo de Ciencias Naturales 5
Museo del Traje 6
Museo del Ferrocarril 10

Praças, Parques e Distritos

Azca 4
Plaza de Toros de Las Ventas 7

0 km 2

LEGENDA

Estação de trem

Atrações fora do centro

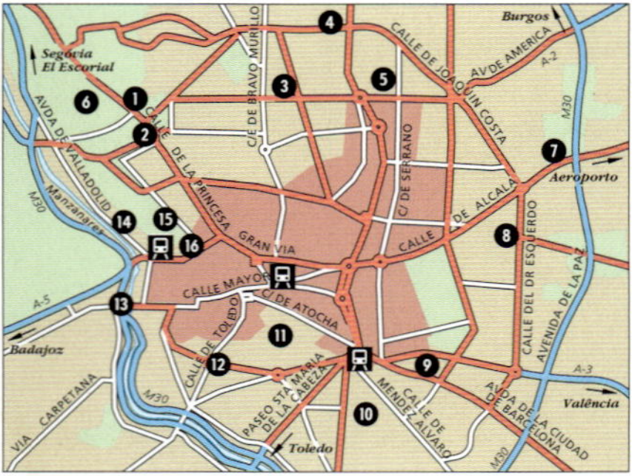

◀ *Arcos em estilo mudéjar na fachada da Plaza de Toros de las Ventas*

Museo de América ❶

Avenida de los Reyes Católicos. Aberto ter-dom, exceto feriados. Entrada paga. Dom grátis.

Abriga uma coleção excepcional de artefatos relacionados à colonização espanhola na América. Muitas peças, que datam da pré-história a épocas mais recentes, foram levadas à Europa pelos primeiros exploradores do Novo Mundo. Destaque para o maia *Códice tro-cortesiano*.

O Mirador del Faro, ao lado do Museo de América

Arco de la Victoria ❷

Avenida de la Victoria.

Erguido em 1956, este arco celebra a vitória nacionalista na Guerra Civil Espanhola, que durou de 1936 a 1939.

Sala del Canal de Isabel II ❸

Calle de Santa Engracia 125. Aberta ter-sáb, manhã dom e feriados. Fechado 1º jan, 25 dez. Grátis.

Esta torre de água reformada é muito utilizada em mostras de fotografia, mas a maioria dos visitantes a procura para

Sala del Canal de Isabel II

admirar sua construção. Erigida entre 1908 e 1911, tem 36m de altura, encimados por uma ampla caixa-d'água. Fora de serviço desde meados do século passado, hoje é um espaço de exposições estiloso.

Azca ❹

Esta "mini-Manhattan" se estende do complexo dos Nuevos Ministerios até o Palacio de Congresos y Exposiciones. Do outro lado da Plaza de Lima fica o Estadio Santiago Bernabéu, sede do Real Madrid. Entre os altos edifícios, hotéis, cinemas, restaurantes e bares está a Plaza Pablo Ruiz Picasso e a Torre Picasso, prédio de escritórios projetado por Minoru Yamasaki, criador do World Trade Center.

Museo de Ciencias Naturales ❺

Calle José Gutierrez Abascal 2. Aberto ter-dom (jul-ago 10h-15h). Fechado 1º e 6 jan, 1º mai e 25 dez. Entrada paga.

Este museu, construído em 1887, contém 16.400 minerais, 220 meteoritos, 30 mil aves e mamíferos e muitos outros itens. Recentemente, recebeu

amostras do sítio arqueológico de Atapuerca, perto de Burgos, no norte do país, onde foram encontrados os mais antigos vestígios humanos da Europa (cerca de 780 mil anos atrás). Há também um imenso elefante africano, morto pelo duque de Alba em 1916.

Museo de Ciencias Naturales

Museo del Traje 6

Avenida Juan de Herrera 2. Aberto ter-dom. Fechado 1º e 6 jan, 1º mai, 9 nov, 24, 25 e 31 dez. Entrada paga (grátis sáb-dom tarde).

Este museu mostra estilos de vestuário ao longo dos anos – do tradicional do século XVI à moda espanhola do XX.

Plaza de Toros de Las Ventas 7

Calle de Alcalá. Aberta só para touradas, concertos e visitas guiadas. Tel 687 739 032. Museo Taurino aberto mar-out: 9h30-14h30 ter-sex, 10h-13h dom; nov-fev: 9h30-14h30h seg-sex.

Seja qual for sua opinião sobre as touradas, Las Ventas é sem dúvida uma das mais lindas praças de touros da Espanha. Erigida em 1929 em estilo neomudéjar, substituiu a praça original que ficava perto da Puerta de Alcalá. O destaque é o Museo Taurino.

Museo Casa de la Moneda 8

Calle del Doctor Esquerdo. Aberto ter-sex, sáb e manhã dom, exceto feriados. Grátis.

A fábrica de dinheiro da Espanha se localiza em um prédio de granito. O museu fica no lado norte do edifício e acompanha a história da moeda, desde as negociações com sal até o euro.

Plaza de Toros de las Ventas, em estilo neomudéjar

Real Fábrica de Tapices 9

Calle de Fuenterrabía 2. Aberta seg-sex, exceto feriados e ago. Entrada paga.

Fundada pelo rei Filipe V em 1721, a Real Fábrica de Tapices (Fábrica Real de Tapeçarias) é a única remanescente das indústrias abertas pelos Bourbon no século XVIII. Em 1889, a fábrica se mudou para este prédio, ao sul do Parque del Retiro. Pode-se ver o processo de fabricação.

Cafeteria do Museo del Ferrocarril, instalada em vagão dos anos 1930

Museo del Ferrocarril 10

Paseo de las Delicias. Aberto ter-sáb, manhã dom, exceto 25 dez, 1º e 6 jan, 1º mai, 15-30 ago. Entrada paga. Sáb grátis.

Em 1880 foi inaugurado o primeiro terminal ferroviário de Madri, a estação Delicias. Ela permaneceu em uso até 1971, e foi reaberta como museu em 1984. Em exibição há mais de 30 locomotivas – a vapor, diesel e elétricas –, além de vagões. Explore alguns deles, como o vagão-restaurante da década de 1930, que hoje abriga uma cafeteria.

La Corrala 11

Calle de Mesón de Paredes. Fechada ao público.

As *corralas* são conjuntos habitacionais com estrutura de madeira construídos nas áreas mais pobres da cidade durante o século XIX, especialmente no bairro de Lavapiés. Os edifícios são dispostos em torno de um pátio central; os balcões que ligam os apartamentos dão para esse pátio.

Puerta de Toledo 12

Glorieta de Puerta de Toledo.

É um dos dois portões de entrada que restaram na capital espanhola. É coroada por um conjunto de esculturas que representam a personificação do país. Ao lado delas estão as figuras alegóricas do Gênio e da Arte. São ladeadas por esculturas com temática militar.

Puente de Segovia e rio Manzanares 13

Calle de Segovia.

A Puente de Segovia, sobre o rio Manzanares, foi encomendada pelo rei Felipe II. Datada de 1582, foi reconstruída em 1682.

Os arcos da Puente de Segovia, que atravessa o rio Manzanares

Ermita de San Antonio de la Florida ⓮

Glorieta San Antonio de la Florida. Aberta diariam, ter-sex, exceto seg, feriados.

Os entusiastas de Goya não podem perder esta igreja neoclássica construída no reinado de Carlos IV. Situada no mesmo local de duas antigas igrejas, a Ermita é consagrada a santo Antônio e recebeu o nome da região na qual foi erguida. É onde o artista está sepultado.

Templo de Debod ⓯

Paseo del Pintor Rosales. Aberto ter-sex, sáb e dom (somente manhã), exceto feriados. Grátis.

O templo de Debod original, construído no século II a.C., foi dado à Espanha em 1968 pelo governo egípcio. Os entalhes retratam Amón, deus de Tebas com cabeça de carneiro, que simbolizava a vida e a fertilidade, a quem o templo foi dedicado. Vale a pena visitar o local à noite, para vê-lo lindamente iluminado.

A elegante entrada principal da Estación de Príncipe Pío

Estación de Príncipe Pío ⓰

Paseo de la Florida. Shopping aberto seg-sáb 10h-22h, sáb 11h-22h. Restaurantes abertos até 2h.

Também conhecida como Estación del Norte, esta estação ferroviária foi inaugurada em 1880 para fazer a interligação de Madri com o norte da Espanha. Em 1915, o edifício foi incrementado com pavilhões de estilo mudéjar projetados por Demetrio Ribes. A fachada principal foi obra do arquiteto Luis Martínez Ribes, em 1926. O edifício principal abriga um centro comercial com cinema, restaurantes e lojas. Em outra parte da estação funciona um importante terminal para interligação de transportes.

Templo de Debod, com dois portões originais

ARREDORES DE MADRI

O vasto planalto central espanhol consiste sobretudo em campos de trigo e impressionantes extensões planas cor de ocre e ferrugem que transmitem toda a beleza dos espaços vazios. Mas há também vales, montanhas, florestas e lagos selvagens, bem como cidades (como Toledo e Segóvia), além de edifícios históricos.

PRINCIPAIS ATRAÇÕES

Alcalá de Henares 12
Buitrago del Lozoya 8
Chinchón 15
El Escorial pp. 54-7 1
Guadalajara 11
Illescas 17
La Granja de San Ildefonso 6
Manzanares el Real 3
Monasterio de Santa María de El Paular 5
Museo del Aire 14
Palacio de El Pardo 13
Palacio Real de Aranjuez 16
Santa Cruz del Valle de los Caídos 2
Segóvia 7
Sierra Centro de Guadarrama 4
Sierra Norte 9
Sigüenza 10
Toledo 18

0 km 40

LEGENDA

Aeroporto internacional

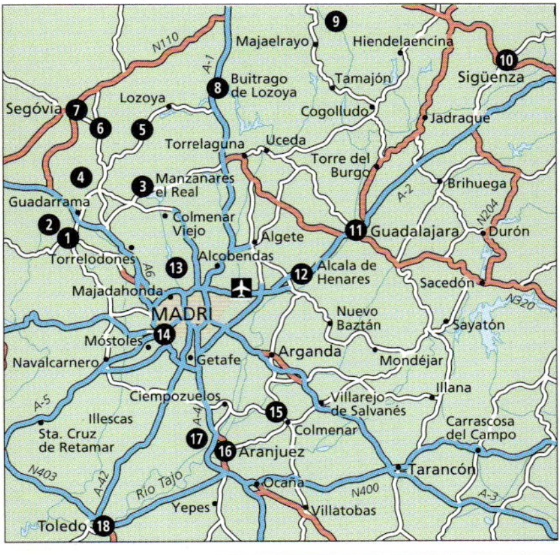

◄ *Exterior da Casa-Museo de El Greco, em Toledo*

El Escorial ❶

O imponente palácio cinza de San Lorenzo de El Escorial, que pertenceu a Filipe II, destaca-se da paisagem da Sierra de Guadarrama, a noroeste de Madri. Foi construído entre 1563 e 1584 em homenagem a são Lourenço. O interior foi concebido como mausoléu e retiro espiritual, e não como residência. É uma referência arquitetônica.

O Panteón Real *contém urnas funerárias dos reis espanhóis.*

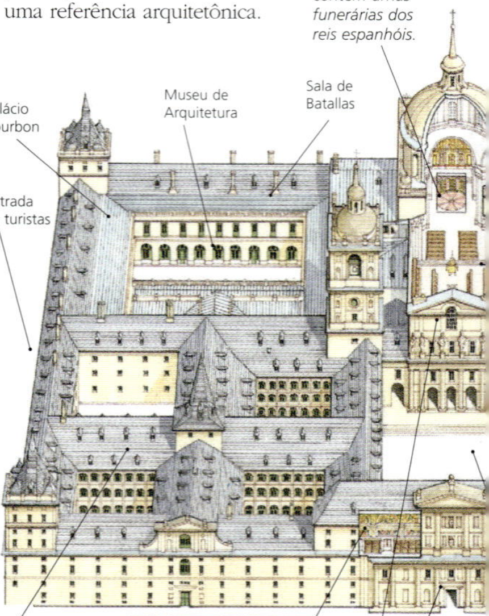

A Universidade de Alfonso XII *foi fundada em 1875 como um internato.*

A Biblioteca *incorpora a coleção pessoal de Filipe II.*

A Basílica *é imensa e ricamente decorada, com majestoso altar.*

O estilo simples do palácio El Escorial é chamado de desornamentado, ou seja, "sem adornos"

O Museu de Arte *abriga* O calvário, *de Rogier van der Weyden.*

A glória da monarquia espanhola*, de Luca Giordano, retrata Carlos I, Filipe II e cenas da construção do mosteiro.*

PREPARE-SE

Paseo de Juan de Borbón y Batemberg. Aberto 10h-20h ter-dom (até 17h out-mar). Fechado nos feriados. Entrada paga.
www.patrimonionacional.es

Como Explorar El Escorial

Filipe II construiu este palácio como lugar de descanso final de seu venerado pai, Carlos I da Espanha, a quem sucedeu em 1556. A construção gigantesca, com cerca de 2.600 janelas, situava-se nas encostas da Guadarrama e proporcionava uma vista impressionante de uma grande extensão da nação. Filipe II valeu-se dos maiores talentos disponíveis no reino para decorar o palácio. O passeio oficial percorre os aposentos e o Panteón Real em 45 minutos.

Aposentos Reais

O Palacio de los Austrias, ou Apartamentos Reais, está construído em torno da basílica e anexo a ela. A Sala de Retratos tem muitas pinturas, como *Carlos I*, de Juan Pantoja de la Cruz (1553-1608) – cópia da pintura original de Ticiano, que se perdeu em um incêndio em 1604. Nos dois extremos da Sala de los Paseos está a soberba marchetaria das portas alemãs.

Panteões

Diretamente sob o altar-mor da basílica fica o Panteón Real, onde quase todos os monarcas espanhóis desde Carlos I estão sepultados. Os reis ficam à esquerda do altar, e as rainhas, à direita. A última a ingressar no panteão foi a mãe de Juan Carlos I.

Casas Paroquiais

Nas Salas Capitulares, no extremo sul do palácio, ficam os bancos de madeira ocupados pelos monges. Estes quatro ambientes amplos e iluminados, com teto abobadado, guardam inúmeras pinturas. As casas paroquiais abrigam também o lindo retábulo de madeira laqueado e folheado a ouro de Carlos I, sacro-imperador Carlos V. O soberano carregava este altar portátil consigo nas campanhas militares.

Retábulo laqueado e folheado a ouro nas Casas Paroquiais

Afresco de Luca Giordano

Os Museus

Dentro do palácio há diversos museus menores. A entrada da fachada norte leva à Sala de São Maurício. Uma escadaria próxima desce para o Museo de Arquitetura, que mostra plantas, maquetes e gravuras do palácio. No andar de cima, o Museo de Arte abrange grande parte da produção dos séculos XVI e XVII. O destaque desse museu está na quarta sala, mais comprida, que é dominada pelo magnífico *O calvário*, de Rogier van Weyden.

A Biblioteca

Fundada por Filipe II, é a primeira biblioteca pública da Espanha, ostentando teto abobadado e piso de mármore. Em 1619, o rei decretou que toda nova publicação fosse enviada a ele. Em seu apogeu, o lugar abrigou 40 mil livros e manuscritos, sobretudo dos séculos XV e XVI. O destaque do lugar é a Sala de Impressão, com afrescos no teto.

A Basílica

Historicamente, só a aristocracia tinha permissão de entrar na basílica (de 45 altares), enquanto o povo ficava confinado ao átrio, na entrada. Entre os destaques há a belíssima estátua do *Cristo crucificado* (1562), de mármore de Carrara, de Benvenuto Cellini. Dos dois lados do altar, acima das portas que conduzem aos aposentos reais, há belos cenotáfios de bronze dourado de Carlos I e Filipe II venerando suas famílias. A enorme peça do altar foi projetada por Juan de Herrera.

O decorado altar-mor da basílica

Palácio dos Bourbons

Ao contrário dos cômodos simples do Palacio de los Austrias (os Apartamentos Reais de Filipe II), os apartamentos dos Bourbon são suntuosamente mobiliados. Eles foram criados por Carlos IV e nas paredes pendem tapeçarias, algumas de Goya, vindas da Real Fábrica de Tapices.

Cruz gigante no Valle de los Caídos, símbolo da ditadura

Santa Cruz del Valle de los Caídos ❷

Madri. Ao norte de El Escorial, na M600. Basílica aberta ter-dom 10h-18h (6h30 no verão). Tel 91 890 13 98. Entrada paga (grátis qua-qui a partir das 16h).

O general Franco mandou construir Santa Cruz del Valle de los Caídos como memorial para os mortos da Guerra Civil Espanhola. A enorme cruz está localizada cerca de 13km ao norte do palácio El Escorial e pode ser vista por quilômetros de várias direções. Muitos espanhóis acham que a cruz é um símbolo frio da ditadura; outros se sentem recompensados com seu enorme tamanho. A cruz tem 150m de altura e se ergue acima de uma basílica escavada 250m na rocha por prisioneiros de guerra. É possível que alguns tenham morrido durante a execução do projeto, que levou 20 anos para ser concluído. De um lado do altar-mor fica a lápide do general Franco e do outro a de José Antonio Primo de Rivera, fundador da Falange Española. Outros 40 mil caixões de soldados de ambos os lados da Guerra Civil Espanhola jazem aí ocultos, incluindo os de duas vítimas anônimas.

Manzanares el Real ❸

M607 para Colmenar Viejo e M608. Mercado: ter, sex. Festivais: Fiesta de Verano (início ago), Cristo de la Nave (14 set).

A distância, a linha do horizonte de Manzanares el Real é dominada pelo castelo restaurado do século XV. Embora o castelo esteja equipado com características militares, como ameias duplas e torreões, ele foi usado principalmente como palácio residencial pelos duques de Infantado. Abaixo do castelo estão uma igreja do século XVI, um pórtico renascentista e belos capitéis. Atrás da cidade, acompanhando a Sierra de Guadarrama, está La Pedriza, um emaranhado de rochas popular entre os alpinistas.

Sierra Centro de Guadarrama ❹

A parte central da serra era ligada a Madri por trem na década de 1920. As encostas

O espetacular desfiladeiro de Navacerrada, na Sierra de Guadarrama

de granito cobertas de pinheiros hoje são cheias de chalés de veraneio. Povoados como Navacerrada e Cercedilla cresceram e tornaram-se estâncias populares para esquiar, pedalar, escalar, montar e percorrer trilhas. O Valle de Fuenfría, reserva natural de florestas selvagens, perto de Cercedilla, tem um trecho original de uma via romana e oferece ótimos locais para piquenique e trilhas bem demarcadas.

Monasterio de Santa María de El Paular ❺

A sudoeste de Rascafría, na M604. Aberto diariam somente para visitas guiadas: 12h, 13h, 17h seg-sáb (além de 16h sáb) e 13h, 16h, 17h (no verão também 18h) dom. Fechado qui. Entrada paga.

Fundado em 1390, como o primeiro mosteiro cartuxo de Castela, está situado em uma antiga casa de caça real. Embora seja praticamente gótico no estilo, tem características platerescas e renascentistas acrescentadas posteriormente. Começou a ser restaurado nos anos 1950, e hoje o complexo, em um cenário bucólico, inclui um hotel privado, um mosteiro beneditino em atividade e uma igreja. É ponto de partida para explorar as pequenas Rascafría e Lozoya, nos arredores do vale do Lozoya. A sudoeste, fica a reserva natural das Lagunas de Peñalara.

Retábulo do Monasterio de Santa María de El Paular

La Granja de San Ildefonso e seus maravilhosos jardins reais

La Granja de San Ildefonso 6

Aberta ter-dom. Jardins abertos diariam. Palácio e jardins fecham 1º, 6 e 23 jan, 1º mai, 25 ago, 24, 25 e 31 dez. Entrada paga. Qua-qui tarde grátis para cidadãos da UE.

Este palácio começou a ser erguido em 1720. Há incontáveis salões ricamente decorados. Dos tetos do palácio pendem imensos candelabros. A igreja é decorada em estilo barroco tardio e o Mausoléu Real abriga o túmulo de Filipe V e de sua rainha, Isabel de Farnesio. As espetaculares fontes do jardim retratam Filipe V e sua rainha como Apolo e Diana. Elas funcionam aos sábados e domingos às 17h30.

Segóvia 7

pp. 62-5.

Buitrago del Lozoya 8

Mercado: sáb. Festivais: La Asunción y San Roque (15 ago), Cristo de los Esclavos (15 set). Museo Picasso aberto diariam, exceto seg, qua tarde, dom tarde. Grátis.

Fica acima da curva do rio Lozoya e foi fundada pelos romanos e fortificada pelos árabes. O castelo gótico-mudéjar do século XIV está em ruínas. Somente permaneceram a porta da fortaleza, os arcos e alguns trechos do muro original. Hoje, é usado como arena de touradas e palco de um festival de teatro e música no verão. Visite o

Buitrago del Lozoya, junto ao rio

pequeno Museo Picasso, que abriga gravuras, esboços e cerâmicas reunidas por Eugenio Arias, amigo do artista. O museu fica no porão da prefeitura da cidade.

Sierra Norte 9

As vilas de ardósia negra da Sierra Norte, outrora conhecida como Sierra Pobre, estão localizadas na área mais rural da Comunidade de Madri. Em Montejo de la Sierra, o maior povoamento da área, um centro de informações oferece passeios a cavalo, aluga casas tradicionais e organiza visitas à reserva natural do Hayedo de Montejo de la Sierra. Esta é uma das mais meridionais florestas de faia da Europa e relíquia de uma era em que as condições climáticas eram mais adequadas. De Montejo, é possível ir de carro até aldeias pitorescas como La Hiruela ou Puebla de la Sierra, ambas situadas em um campo perfeito para ótimos passeios. As colinas ao sul, mais secas, descem até a Represa de Puentes Viejas, uma reserva repleta de chalés de veraneio nas praias artificiais.

Sigüenza 10

Mercado: sáb. Festivais: San Juan (24 jun), San Roque (15 ago).

Dominando a cidade de Guadalajara, na encosta de Sigüenza, há este imponente castelo-parador. A catedral, na cidade velha, teve sua construção iniciada no século XII. Ela é românica no estilo, com acréscimos posteriores, como os claustros gótico-platerescos. Em uma das capelas fica o túmulo de El Doncel,

Figura de El Doncel em seu túmulo na catedral de Sigüenza

construído por Martín Vázquez de Arce, pajem de Isabel de Castela. Ele foi morto pelos mouros.

Guadalajara 11

Mercado: ter, sáb. Festivais: Virgen de la Antigua (set). Palacio de los Duques del Infantado: museu fechado seg, dom tarde e feriados. Palácio aberto diariam. Grátis.

O destaque da cidade é, sem dúvida, o Palacio de los Duques del Infantado (que é hoje o Museo Provincial). Foi construído entre os séculos XIV e XVII e é um exemplo notável da arquitetura gótico-mudéjar.

Intricados losangos na fachada do Palacio de los Duques del Infantado

Segóvia ❼

Torre de San Esteban

Segóvia tem a localização mais espetacular da Espanha. A parte antiga fica em um pico rochoso e é cercada pelos rios Eresma e Clamores. De longe, parece um navio: o alcázar medieval de seu agudo penhasco formando a proa, os pináculos da catedral gótica projetando-se como mastros e o aqueduto seguindo atrás como um leme. A vista da cidade, a partir do vale, é mágica ao pôr do sol.

① Catedral

Plaza Mayor. Aberta diariam. Entrada paga (grátis dom tarde).

Datada de 1525, esta estrutura gótica substituiu a antiga catedral, que foi destruída em 1511. O claustro permaneceu e foi reconstruído no novo local. O arquiteto Juan Gil de Hontañón concebeu o projeto, austero mas elegante. Os pináculos, os arcobotantes, a torre e o domo compõem uma silhueta impressionante. O interior é leve e elegantemente abobadado, com vitrais. O altar-mor foi projetado por Sabatini em 1768. Mais de 20 lindas capelas, a maioria cercada por graciosas grades de ferro trabalhado, perfilam-se pela nave e pela abside. A mais interessante é a Capela da Pietà, que deve seu nome à belíssima escultura de Juan de Juni. A passagem para o claustro, cujos arcos ogivais estão divididos por finos pinásios e ornatos perfurados, é acessada pelo notável arco gótico de Juan Guas, na Capela do Conforto de Cristo. O claustro conduz ao museu da casa paroquial, que abriga tapeçarias, pinturas, esculturas, prata, mobília, livros e moedas da Bruxelas do século XVII.

② Museo de Segovia

Casa del Sol, Calle Socorro 11. Aberto ter-sáb, dom manhã. Fechado 1º e 6 jan, 24, 25 e 31 dez e feriados. Entrada paga (grátis sáb-dom).

Museu arqueológico com gravuras da Idade da Pedra de 15 mil anos, ferramentas, armas, cerâmica e trabalhos em metal de vários séculos. Neste

museu há moedas romanas, fragmentos de muro de casas árabes e uma interessante coleção de fivelas de cinto. Também há os dois enormes touros celtas de pedra que foram escavados na Calle Mayor. Acredita-se que talvez representem divindades protetoras de pes-

O Alcázar, como um castelo de conto de fadas, na beira do despenhadeiro

soas ou gado. Na província vizinha é possível encontrar moedas e inscrições da região de Ávila. As peças deste museu costumam estar ligadas a sepultamentos.

SEGÓVIA: CENTRO DA CIDADE

Catedral ①
Museo de Segovia ②
Casa de los Picos ③
Aqueduto ④
Alcázar ⑤
Palacio Episcopal ⑥

LEGENDA

- P Estacionamento
- Informação turística
- Igreja
- Convento ou mosteiro

0 m 250

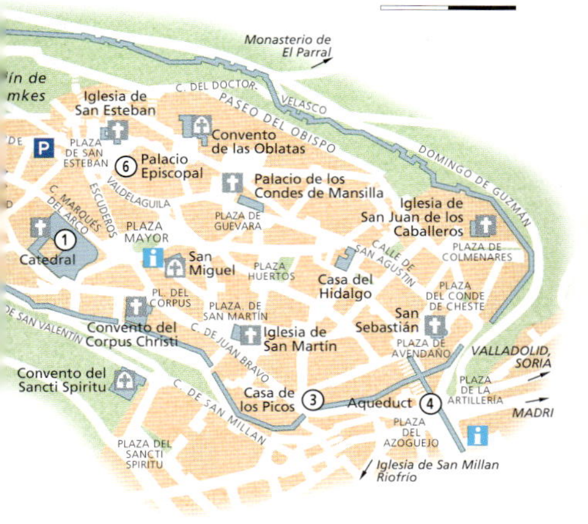

Casa de los Picos, do século XV

③ Casa de los Picos

Calle Juan Bravo 33

Esta mansão, localizada atrás dos muros da cidade, tem fachada do século XV adornada com pedras em forma de losango. O prédio abriga uma galeria de arte e uma escola.

④ Aqueduto

Em uso até o fim do século XIX, foi construído no fim do século I pelos romanos, que transformaram a antiga Segóvia em uma importante base militar. Com esse feito de engenharia, a água do rio Frío fluiu para dentro da cidade, filtrada por uma série de tanques ao longo do trajeto.

⑤ Alcázar

Plaza de la Reina Victoria Eugenia. Aberto diariam, exceto feriados. Entrada paga. Ter grátis.

Embora tenha havido uma fortaleza neste local desde a Idade Média, o atual castelo é na maior parte uma reconstrução que se seguiu a um incêndio, em 1862. Seus ambientes são decorados com armaduras, pinturas e mobília para dar uma atmosfera medieval. Há também um museu de armamentos. O castelo conheceu seu apogeu na Idade Média. A torre retangular Juan II foi completada durante o reinado de Henrique IV, no século XV, e batizada em homenagem a seu pai. Oferece bela vista da cidade e das colinas da Sierra de Guadarrama.

⑥ Palacio Episcopal

Plaza de San Esteban. Fechado.

Erigido pela família Salcedos no século XVI, foi mais tarde adquirido pelo bispo Murillo. Agora, está fechado por tempo indeterminado.

O aqueduto romano domina a paisagem da parte antiga de Segóvia

PREPARE-SE

Informação turística: Plaza Mayor 10. Tel 921 46 03 34. Mercado: ter, qui, sáb. Festivais: San Juan (24 jun), San Pedro (29 jun), San Frutos (25 out). **www.turismodesegovia.com**

Monasterio de El Parral

Subida al Parral. Aberto diariam. Doações.

Ao norte dos muros da cidade, o mosteiro tem quatro claustros e um retábulo plateresco, além dos túmulos platerescos de seu benfeitor, o marquês de Villena, e de sua esposa, María.

Monasterio de los Carmelitas

Alameda de la Fuencisla. Aberta ter-dom. Doações.

No afastado vale do Eresma, San Juan de la Cruz fundou este convento, no século XVI, e foi seu prior até 1591.

Igrejas de Segóvia

Segóvia é repleta de igrejas impressionantes, incluindo a românica **San Juan de los Caballeros**, do século XI, com seu lindo pórtico esculpido; a de **San Esteban**, do século XIII, com sua torre de cinco andares; e a de **San Martín**, do século XI, com suas arcadas, capitéis e retábulo dourado. A **Iglesia de San Millán**, uma joia românica na parte nova da cidade, possui uma torre moçárabe e um crucifixo gótico do século XIV. A **Iglesia de la Vera Cruz**, fora da cidade velha, é uma fascinante igreja dodecagonal dos templários (1208).

A arborizada Plaza Mayor

SUGESTÕES

RESTAURANTES

Mesón de Cándido
Plaza del Azoguejo 5.
Tel 92 142 81 03.
Caro
Não saia da cidade sem antes conhecer a Mesón de Cándido. A casa oferece lindas vistas do aqueduto e serve especialidades locais como carneiro e porco.

El Bernardino
Calle Cervantes 3.
Tel 92 146 24 77.
Moderado
Neste restaurante popular é servido cardápio tradicional. Menu a preço fixo.

BARES

Bar José María
Calle Cronista Lecea 11.
Bar de tapas de preço moderado, é anexo ao excelente restaurante José Maria.

La Tasquina
Calle Valdeláguila 3.
Tel 92 146 39 14.
Fechado seg.
Bar simpático com excelente coleção de vinhos que acompanham deliciosas tapas.

Ver códigos de preços na p. 80.

Fachada do Colegio de San Ildefonso, em Alcalá de Henares

Alcalá de Henares ⓬

Mercado: seg, qua. Festivais: Feria de Alcalá (fim ago). Casa-Museo de Cervantes aberta diariam, exceto seg e feriados. Grátis. Palacio de Laredo aberto sáb-dom (exceto ago). Entrada paga.

No coração de uma moderna cidade industrial fica uma das mais renomadas universidades espanholas. Fundada em 1499 pelo cardeal Cisneros, a universidade de Alcalá foi um dos mais avançados centros de ensino da Europa no século XVI. Outras atrações de Alcalá são a catedral, a Casa-Museo de Cervantes, onde nasceu o escritor, e o recém-restaurado Palacio de Laredo.

Palacio de El Pardo ⓭

Noroeste de Madri na M605. Aberto diariam exceto em visitas reais e feriados. Entrada paga. Qua-qui tarde grátis para cidadãos da UE.

O chalé de caça real e o palácio, cercados de verde, tiveram o general Francisco Franco entre seus residentes. Um passeio conduz os visitantes pela ala Habsburgo original do palácio e por uma ampliação idêntica do século XVIII feita por Francesco Sabatini. O interior Bourbon tem afrescos, frisos dourados e tapeçarias, muitas delas da Real Fábrica de Tapices.

Museo del Aire ⓮

Campo de pouso Cuatro Vientos. Aberto 10h-14h ter-dom, exceto ago e feriados. Grátis.

Entre as inúmeras aeronaves em exibição no museu da aviação espanhola, a atração máxima é o Breguet XIX *Jesús del Gran Poder*, que realizou o primeiro voo transatlântico, em 1929. Outras são o Vilanova-Acedo 1911, um dos primeiros feitos na Espanha, e o avião de guerra alemão Henkel 111, único exemplar produzido. Há também o La Cierva – parte avião, parte helicóptero –, além de biografias de aviadores.

Antiga aeronave da Lufthansa no Museo del Aire

Chinchón ⓯

Mercado: sáb. Festivais: Semana Santa, San Roque (12-18 ago).

Chinchón é considerada a cidade mais pitoresca da província de Madri. A tipicamente castelhana Plaza Mayor, do século XVI, com seus pórticos medievais, é dotada de

A Plaza Mayor de Chinchón, que ocasionalmente abriga touradas

uma esplêndida atmosfera teatral. São famosas sua encenação da Paixão de Cristo e as touradas de agosto. A igreja do século XVI, acima da praça, abriga uma pintura de altar de Goya.

Palacio Real de Aranjuez ⓰

Plaza de Parejas, Aranjuez. Aberto diariam, exceto seg. Jardins abertos diariam. Fechado 1º e 6 jan, 1º e 30 mai, 5 set, 24, 25 e 31 dez. Entrada paga. Qua-qui tarde grátis para cidadãos da UE.

O Palacio Real de Aranjuez, com seus esplêndidos jardins, é a residência oficial de verão da realeza. Surgiu em torno

Área externa do Palacio Real de Aranjuez

de um chalé de caça medieval que fica junto a um dique natural, ponto de encontro dos rios Tejo e Jarama. Vale a pena visitá-lo pelo simples prazer de caminhar à sombra dos 300ha de jardins reais, que inspiraram Joaquín Rodrigo a compor o *Concerto de Aranjuez*. O Jardín Ornamental e o Jardín de la Isla foram preservados do palácio original, do século XVI. No verão, um trem a vapor do século XIX, construído para transportar morangos para o mercado em Madri, liga a cidade à capital.

Illescas ⓱

Mercado: qui. Festivais: Fiesta de Milagro (11 mar), Fiesta Patronal (31 ago). Hospital de Nuestra Señora de la Caridad aberto seg-sáb. Entrada paga.

A cidade de Illescas era o refúgio de veraneio da corte de Filipe II. Embora haja pouco que ver da velha cidade, duas igrejas são bastante interessantes: a Parroquial de la Asunción, com sua torre mudéjar, e o Hospital de Nuestra Señora de la Caridad, do século XVI, com uma importante coleção de arte, com obras de El Greco, Pantoja de la Cruz e outros espanhóis.

O pitoresco Monasterio de El Parral em Segóvia ▶

Toledo ⓲

O centro histórico de Toledo fica em uma colina acima do rio Tejo. Os antigos muros da cidade guardam inúmeros testemunhos de seu rico passado. Os destaques da cidade são o Alcázar, a catedral e a casa de El Greco.

Alcázar

Cuesta de Carlos V. Museu: aberto 11h-17h qui-ter. Biblioteca: aberta seg-sex, manhã.

O palácio fortificado de Carlos I fica no local de antigas fortalezas dos romanos, visigodos e muçulmanos. A construção de linhas austeras sofreu danos em um incêndio antes de ser quase destruída em 1936, quando os nacionalistas resistiram a um cerco republicano de 70 dias.

Carlos V triunfante sobre um mouro

Museo de Santa Cruz

Calle Miguel de Cervantes 3. Aberto diariam exceto dom tarde. Grátis.

Os destaques são obras de arte da Idade Média e do Renascimento. Também há pinturas de El Greco – inclusive uma das últimas, *A assunção* (1613), ainda em seu retábulo original –, armaduras toledanas, espadas damascenas, cerâmica e achados arqueológicos romanos.

Iglesia de Santo Tomé

Plaza del Conde. Aberta diariam. Entrada paga.

A principal atração desta igreja é a obra-prima de El Greco, *O enterro do conde de Orgaz*. Importante patrono da igreja, o conde financiou a maioria das construções do século XIV que existem até hoje. A pintura retrata o aparecimento miraculoso de santo Agostinho e santo Estêvão no enterro.

Sinagoga del Tránsito

Calle Samuel Leví. Aberta ter-sáb, dom manhã, exceto 1º e 6 jan, 1º mai, 10 jun, 24, 25 e 31 dez. Entrada paga. Grátis sáb tarde e dom manhã.

Com seu elaborado interior mudéjar, fica um pouco escondida atrás de sua fachada do século XIV. Anexo à sinagoga há um museu que retrata a cultura hispano-judaica.

Iglesia de Santo Tomé

Sinagoga de Santa María la Blanca

Calle de los Reyes Católicos. Aberta diariam. Entrada paga.

A maior e mais antiga dentre as oito sinagogas originais da cidade de Toledo, a de Santa María la Blanca data do século XIII.

Arcos mudéjares na Sinagoga de Santa María la Blanca

Monasterio de San Juan de los Reyes

Calle de los Reyes Católicos 17. Aberto diariam, exceto 1º jan, 25 dez. Entrada paga.

O destaque deste mosteiro é o claustro gótico (1510) com teto colorido no estilo mudéjar.

PREPARE-SE

Aeroporto/estação de trem: Paseo de la Rosa. Informação turística: Puerta de Bisagra, tel: 925 22 08 43. Mercado: ter. Festivais: Corpus Christi (mai-jun), Virgen del Sagrario (15 ago).
www.toledo-turismo.com

Casa-Museo de El Greco

Paseo del Tránsito. Aberta ter-sáb, manhã dom. Entrada paga. Grátis sáb-dom tarde.

Este museu com obras de El Greco, no bairro judeu de Toledo, conta com *Vista de Toledo* e a soberba série *Cristo e os apóstolos*.

Iglesia de Santiago del Arrabal

Calle Real de Arrabal. Grátis.

Uma das construções mudéjares mais bonitas de Toledo. Pode ser facilmente identificada por sua torre, do século XII.

Puerta Antigua de Bisagra

Quando Afonso VI conquistou Toledo, em 1085, foi por esse portão que entrou, junto com El Cid.

SUGESTÕES

RESTAURANTES

Hostal del Cardenal
Paseo de Recaredo 24.
Tel 925 22 08 62.
Moderado
Antiga residência de verão do cardeal, este palácio do século XVIII serve sopas, carnes suculentas e o famoso mazapán *(marzipã de Toledo).*

Mesón La Orza
Calle de Descalzos 5.
Tel 92 522 30 11.
Fechado tarde dom.
Moderado
No coração do bairro judeu, este tradicional hotel serve comida da região. Os pratos com carne são especialmente saborosos.

Ver códigos de preços na p. 80.

Catedral de Toledo

O esplendor da grande catedral de Toledo reflete sua história como centro espiritual da igreja espanhola e moradia do primaz de toda a Espanha. Ainda hoje, a Missa Moçárabe, que data do tempo dos visigodos, é celebrada aqui.

A Torre Gótica *domina o horizonte de Toledo.*

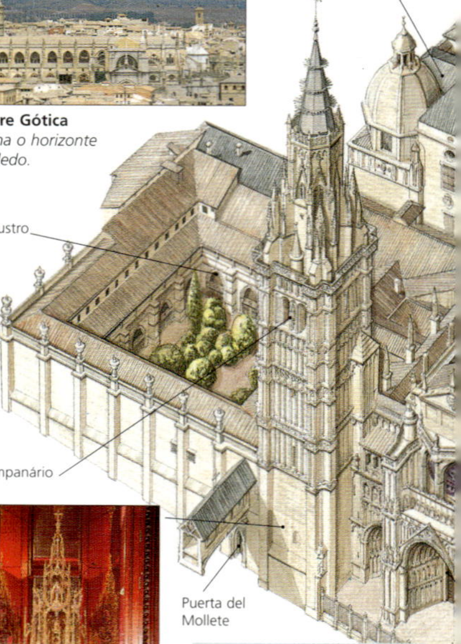

O Ostensório Gótico, *com mais de 3m de altura.*

PREPARE-SE

Calle Cardenal Cisneros 1. Tel 925 22 22 41. Aberta diariam. Missas diariam (Missa Moçárabe 9h seg-sáb, 9h45 dom). Coro, Tesouro, Sacristia e Casa Paroquial abertas 10h-18h30 seg-sáb, 14-18h30 dom. Entrada paga.

Iglesia de San Jerónimo el Real ⓳

Mapa G5. Calle de Moreto 4. Aberta diariam jul-set, exceto Páscoa. Grátis.

Construída no século XVI para Isabel I, mas remodelada, esta é a igreja da realeza em Madri. Desde o século XVII fazia parte do Palacio del Buen Retiro, que ficava no local. Na igreja ainda se realizam muitos casamentos da alta sociedade.

Real Academia Española ⓴

Mapa G5. Calle de Ruiz de Alarcón 17. Fechada ao público.

Fundada em 1713, a academia só se mudou para este edifício neoclássico em 1891. A fachada elegante tem majestosas colunas dóricas e frontão entalhado. Entre seus 46 membros encontram-se eruditos, escritores e jornalistas – as posições são vitalícias.

Parque del Retiro ㉑

Mapa H6. Parque aberto diariam. Exposições abertas 10h-21h diariam. Grátis.

Situado no elegante bairro dos Jerónimos, o parque deve seu nome ao palácio real de Filipe IV, que ficava aqui. Usado apenas pela família

A espada de El Cid no Museo del Ejército, no Parque del Retiro

real a partir de 1632, tornou-se cenário para desfiles cívicos, touradas e simulações de batalhas navais. O parque foi parcialmente aberto no século XVIII, apenas para visitantes que estivessem bem-vestidos, e totalmente aberto em 1869. Hoje, o Retiro mantém-se como um dos locais mais procurados por quem deseja relaxar em Madri. Uma curta caminhada pela alameda a partir da entrada norte conduz a um agradável lago, onde se podem alugar barcos a remo. No Paseo de Colombia, a Casa de Vacas oferece exposições gratuitas de arte madrilena.

Monumento a Afonso XII (1901) no Parque del Retiro

Real Jardín Botánico 22

Mapa G6. Plaza de Murillo 2. Aberto diariam, exceto 25 dez, 1º jan. Entrada paga.

Fica ao sul do Prado *(p. 34)* e foi projetado em 1781 por Gómez Ortega e Juan de Villanueva. Nessa época, havia na Espanha grande interesse pelas plantas das Filipinas e da América do Sul. Nos canteiros simétricos do jardim há diversas espécies de árvores, arbustos e plantas medicinais.

Ministerio de Agricultura 23

Mapa G7. Paseo de la Infanta Isabel 1. Marcar hora pelo tel 91 347 53 48.

Esta construção do século XIX, magnífica e imponente, foi a residência do ministro do Desenvolvimento, cuja tarefa era promover o crescimento econômico, industrial e científico da Espanha no fim do século XIX. Hoje o edifício abriga o Ministerio de Agricultura, e por isso é alvo frequente de protestos de agricultores e produtores de azeite.

A fachada um tanto intimidadora do Ministerio de Agricultura

Cúpula do Observatorio Astronómico

Observatorio Astronómico 24

Mapa H7. Calle de Alfonso XII 3. 91 597 95 64. Somente com hora marcada sex 11h. Grátis.

Inaugurado em 1790, tem linhas neoclássicas e janelas estreitas e verticais onde ficavam os telescópios. A cúpula com colunas era usada na observação do tempo. O público tem acesso a uma sala que abriga telescópios dos séculos XVIII e XIX, além de um pêndulo de Foucault. Peça autorização por escrito para ver os telescópios maiores e uma coleção de relógios ingleses.

Museo Nacional de Antropología 25

Mapa G7. Calle de Alfonso XII 68. Aberto ter-sáb (dom somente manhã), exceto alguns feriados. Entrada paga exceto sáb tarde e dom.

Edifício de três andares que foi construído em torno de um grande salão aberto. Foi inaugurado pelo rei Afonso XII em 1875. No térreo, há a importante coleção das Filipinas. O primeiro andar é dedicado ao continente africano; o segundo mostra a vida de grupos indígenas da América.

A transparente *é uma escultura de altar barroca de Narciso Tomé.*

A Casa Paroquial *exibe espetacular teto mudéjar.*

O Altar-Mor *tem cenas que retratam a vida de Cristo.*

O Coro *tem nas suas fileiras inferiores entalhes que retratam a queda de Granada.*

Como Circular em Madri

A maioria das atrações turísticas está no centro e pode ser conhecida a pé. Lembre-se de que alguns museus e lojas fecham entre as 14h e as 17h para a *siesta*. O metrô é a melhor maneira de circular, mas o serviço de ônibus também é excelente.

Passeios a pé

Madrid a Tu Aire organiza passeios diários em inglês, um jeito divertido e informativo de conhecer o centro histórico. Para agendar, ligue 610 22 84 24.

Bicicleta

Andar de bicicleta no trânsito de Madri é perigoso. Apenas nos domingos e feriados é que pode ser divertido. A Bike Spain, na Plaza de la Villa 1, perto da Puerta del Sol, aluga bicicletas.

Dirigir em Madri

Dirigir em Madri pode ser difícil para os novatos, pois os moradores tendem a guiar seus veículos com agressividade. As placas de trânsito muitas vezes são enganosas ou não existem, há poucos postos de combustível e estacionar geralmente é difícil. Olhe o mapa antes de partir, mas fique atento para ruas de mão única, túneis e viadutos. Na hora de tráfego intenso, o trânsito fica lento e o principal anel rodoviário interno, o M30, com frequência fica parado.

Logo de empresa de aluguel de carro

Estacionamento

Estacionar em Madri é difícil, então é bom escolher um hotel que tenha estacionamento. Há os subterrâneos que cobram por hora. O sinal verde de *libre* significa que há vagas livres; o sinal vermelho de *completo* indica que o estacionamento está lotado. O carro pode ser guinchado caso estacione em local proibido. A multa para recuperá-lo é de €180.

Proibido estacionar

Táxis

Os táxis em Madri têm uma lista diagonal vermelha na porta. Quando estão livres, há o sinal de *libre* e a luz vermelha sobre o capô fica iluminada. Dentro dos limites de Madri, incluindo o aeroporto, o taxímetro deve estar ligado.

Bilhetes Metrobus

A maneira mais econômica de conhecer a cidade é comprando um bilhete Metrobus, que vale para dez viagens. Você deve inserir o bilhete na máquina no início de cada viagem. Podem ser comprados nas estações, bancas e tabacarias.

Metrô

O metrô funciona das 6h30 à 1h30 e inclui mais de 200 estações interligadas por 12 linhas indicadas por cores diferentes, além da linha Ópera-Príncipe Pío. Para utilizar esse sistema compre um bilhete Metrobus.

Símbolo do metrô de Madri

Ônibus

Os ônibus rodam das 6h às 23h30. Os pontos de ônibus assinalam os números das linhas e seus percursos básicos. Pague ao motorista ou insira o bilhete Metrobus na máquina. Para descer, aperte um botão perto da porta de saída. Cadeirantes podem embarcar nos ônibus de *piso bajo*. As principais linhas são a 2, a 5 e a 27, que levam às atrações turísticas.

Passeios de Ônibus

Um serviço de ônibus de turismo na cidade é operado pela Madrid Vision, cujos ônibus de dois andares oferecem comentários em várias línguas, com a ajuda de fones de ouvido. Há catorze pontos no trajeto nos quais se pode descer, e os ônibus circulam o dia todo, durante o ano inteiro. Procure também a Juliá Travel.

Passeios de ônibus organizados para conhecer a cidade

Trem

A empresa ferroviária estatal, a RENFE, atende em duas estações da cidade: Atocha e Chamartín, ligadas por um túnel. Os trens param em ambas e oferecem baldeações para outros destinos, como Nuevos Ministerios e Recoletos. *Cercanías* são os trens de subúrbio que oferecem conexão a diversas estações de metrô da capital espanhola.

Trens AVE na Estação Atocha

AGENDA

EMT (companhia de ônibus)
Tel 90 250 78 50
Metrô
Tel 90 244 44 03
Inform. dos trens da RENFE
Tel 90 232 03 20
Informação Turística
Plaza Mayor 27 Tel 91 454 44 10 (Aberto 9h30-20h30 diariam)

Manual de Sobrevivência

A cidade é relativamente segura, mas é sempre bom tomar cuidados em áreas turísticas e nos meios de transporte. Atenção nos cruzamentos, pois nem sempre os moradores respeitam o sinal vermelho. Cuidado se precisar sacar dinheiro nos caixas.

MOEDA

O Euro
A moeda espanhola é o euro (€). As cédulas têm valor de face de €5 a €500 e as moedas variam de 1 *céntimo* a €2.

Bancos
Funcionam das 8h30 às 14h, de segunda a sexta. Alguns abrem das 9h às 13h aos sábados, exceto em agosto. Durante as comemorações de San Isidro, em 15 de maio, os bancos fecham.

Cartões de Crédito
A maioria dos hotéis e restaurantes aceita cartões, mas alguns bares de *tapas,* pensões e tabernas só lidam com dinheiro.

Casas de Câmbio
Há muitas por toda a cidade. As principais estão no aeroporto de Barajas, nas duas estações de trem e nas grandes lojas, hotéis e bancos de Madri.

Casa de câmbio

Caixas Automáticos
Há diversos na cidade, e são de simples operação. Boa parte deles aceita cartões de crédito internacionais e oferece algumas opções de idioma, como o inglês.

Caixa automático

Traveller's Cheques
Os traveller's cheques da AmEx (American Express), Travelex e de alguns bancos são amplamente aceitos.

COMUNICAÇÕES

Correios
As entregas podem ser demoradas. As principais agências *(correos)* funcionam das 8h às 21h de segunda a sexta e das 9h-19h aos sábados. As menores funcionam das 9h às 14h de segunda a sexta e até as 13h aos sábados. Os selos são vendidos também em tabacarias *(estancos)*, que são designadas por um logo marrom e amarelo. As caixas de correio são amarelas.

Logo de telefones públicos

Telefones
Os telefones públicos *(cabinas)* ou os pagos (que ficam em ambientes fechados) aceitam moedas. Outros aceitam cartões, que são vendidos em bancas, nos correios ou em tabacarias *(estancos)*. Pouquíssimos funcionam com cartões de crédito. Há cabines coletivas *(locutorios)*, onde é possível fazer ligações e pagar ao final de cada uma. As mais baratas são as da Telefónica. Os números de Madri começam com 91 e são seguidos de sete dígitos.

Cibercafés
Há vários na cidade. O Workcenter (no Paseo de la Castellana 149) abre diariamente e faz impressões, serviços de ligação e de correio.

SEGURANÇA E SAÚDE

Polícia
Os endereços das delegacias aparecem nas *Páginas Amarillas*. A central fica na Calle Leganitos 19 (tel 91 548 85 37). Denuncie qualquer problema, para que possa receber seu seguro. É bom ter uma cópia do boletim de ocorrência.

Segurança e Saúde
O Brasil e a Espanha mantêm um convênio que dá aos brasileiros direito aos serviços públicos naquele país. Em caso de necessidade, apresente o passaporte e o Certificado de Assistência Médica, que deve ser obtido antes da viagem, nos escritórios de representação do Ministério da Saúde existentes nas capitais brasileiras.

Hospitais e Ambulâncias
Em caso de emergências médicas, procure o setor de *Urgencias* nos endereços:
- Hospital General Gregorio Marañón, Calle Dr Esquerdo 46, tel 91 586 80 00;
- Hospital La Paz, Paseo de la Castellana 261, tel 91 435 18 23.

Há outros hospitais listados nas *Páginas Amarillas*:
- Anglo-American Medical Unit, Calle Conde de Aranda 1, tel 91 435 18 23.

Se precisar de ambulância (SAMUR), disque 092.
- *Ambulancias de la Cruz Roja*, tel 91 522 22 22; ou disque 112.

Dentistas
Pergunte no hotel ou consulte as *Páginas Amarillas*. Para emergências, procure:
- Urgencias Dentales, Calle Bretón de los Herreros 32, tel 91 441 41 84.

Farmácias
São designadas por uma cruz vermelha ou verde e funcionam das 10h às 20h30 seg-sáb. Avisos nas janelas informam quais farmácias atendem fora desses horários.

EMERGÊNCIAS

Ambulância e Bombeiros
Tel 112
Polícia
Tel 091
Polícia Municipal
Tel 092
Emergências
Tel 061

Índice

Frases

Em Emergências

Socorro!	**¡Socorro!**	so-**ko**-rro
Pare!	**¡Pare!**	**pa**-re
Chame um médico!	**¡Llame a un médico!**	**lha**-me a **un me**-die-ko
Chame uma ambulância!	**¡Llame a una ambulancia!**	**lha**-me a **un**-na am-bu-**lan**-zia
Chame a polícia!	**¡Llame a la policía!**	**lha**-me a la po-li-**zi**-a
Chame os bombeiros!	**¡Llame a los bomberos!**	**lha**-me a los bom-**be**-ros
Onde fica o telefone mais próximo?	**¿Dónde está el teléfono más próximo?**	**don**-de es-**ta** el te-**le**-fo-no **mas prok**-si-mo
Onde fica o hospital mais próximo?	**¿Dónde está el hospital más próximo?**	**don**-de es-**ta** el os-pi-**tal mas prok**-si-mo

Comunicações Essenciais

Sim	**Sí**	si
Não	**No**	no
Por favor	**Por favor**	por fa-**bor**
Obrigado	**Gracias**	**gra**-zi-as
Com licença	**Perdon**	per-**don**
Alô	**Hola**	**o**-la
Adeus	**Adiós**	a-di-**os**

Frases Úteis

Como vai você?	**¿Cómo está usted?**	**ko**-mo es-**ta** us-**ted**
Muito bem, obrigado.	**Muy bien, gracias.**	mui **bien gra**-zias
Muito prazer em. conhecê-lo(a).	**Encantado de conocerle.**	en-kan-**ta**-do de ko-no-**zer**-le
Está bem.	**Está bien.**	es-**ta** bi-**en**
Onde está . . .?	**¿Dónde está/están . . .?**	**don**-de es-**ta**/es-**tan**
Quantos metros/ quilômetros são. daqui a . . .?	**Cuántos metros/ kilómetros hay de aquí a . . .?**	**kuan**-tos **me**-tros/ki-**lo**-me-tros **ai** de a-**ki** a
Por onde se vai a . . .?	**¿Por dónde se va a . . .?**	por **don**-de se **ba** a
Você fala português?	**¿Habla portugés?**	**a**-bla por-tu-**ges**
Não entendo.	**No comprendo**	no kom-**pren**-do
Pode falar mais devagar, por favor?	**¿Puede hablar más despacio por favor?**	pue-de a-**blar mas** des-pa-cio por fa-**bor**

Palavras Úteis

grande	**grande**	**gran**-de
pequeno	**pequeño**	pe-**ke**-nho
quente	**caliente**	ka-li-**en**-te
frio	**frío**	**fri**-o
aberto	**abierto**	a-bi-**er**-to
fechado	**cerrado**	zer-**rra**-do
esquerda	**izquierda**	iz-**kier**-da
direito	**derecha**	de-**re**-tcha
direto	**directo**	di-rek-to
entrada	**entrada**	en-**tra**-da

Agradecimentos

A Dorling Kindersley gostaria de agradecer às seguintes pessoas cuja ajuda e assistência contribuíram na preparação deste livro.

Design e Editorial

Editor Douglas Amrine
Gerente editorial Vivien Antwi
Gerente de arte Kate Poole
Cartografia Casper Morris
Design Maite Lantaron
Controle de produção Shane Higgins
Pesquisa iconográfica Ellen Root
Diagramação Jason Little
Capa Tessa Bindloss
Revisão Cristina Barrallo, Paula Canal, Caroline Elliker, Lydia Halliday, Claire Jones, Bharti Karakoti, Jude Ledger, Caroline Mead, Sonal Modha, Marianne Petrou, Andrea Pinnington, Mani Ramaswamy, Marisa Renzullo, Avantika Sukhia, Ajay Verma, Hugo Wilkinson, Word on Spain

Créditos das Fotos

Todo esforço foi feito para identificar os proprietários dos direitos de publicação e lamentamos qualquer omissão inadvertida. Teremos prazer em acrescentar as emendas necessárias em futuras edições.

a-alto; ae-alto, esquerda; ac-alto, centro; ad-alto, direita; cea-centro, esquerda, acima; ca-centro, acima; cda-centro, direita, acima; ce-centro, esquerda; c-centro; cd-centro, direita; ceb-centro, esquerda, abaixo; cb-centro, embaixo; cdb-centro, direita, embaixo; be-abaixo, esquerda; b-embaixo; bc-baixo, centro; bd-baixo, direita.

Os editores gostariam de agradecer estas pessoas, empresas e fontes de imagens por sua permissão para reproduzir suas fotografias:

ROBERT HARDING PICTURE LIBRARY: James Strachan 17b, 51b.

ANTHONY KING: 76a.

MUSEO NACIONAL CENTRO DE ARTE

REINA SOFIA, MADRID: 37cd.

NATIONAL ATESA: 74b

PRISMA, Barcelona: 24be.

REAL ACADEMIA ESPAÑOLA 33bd

ARCHIVO DEL SENADO: Oronoz 17ce.

CAPA
Capa – CORBIS: DPA/MATTHIAS SCHRADER T.
Contracapa – DORLING KINDERSLEY: ROUGH GUIDES/IAN AITKEN T.

Categorias de preço

Consideram uma refeição para uma pessoa, composta de três pratos, meia garrafa de vinho, imposto e serviço.

Econômico até €25
Moderado €25-€55
Caro €55 ou mais